Meta Zweifel

Leben mit Goldrand

Meta Zweifel

Leben mit Goldrand

Altes Wissen lebendig gemacht

orell füssli Verlag

Orell Füssli Verlag, www.ofv.ch
© 2018 Orell Füssli Sicherheitsdruck AG, Zürich
Alle Rechte vorbehalten

Fotos Innenteil: © Sven Cornehls, Zürich
Foto M. Zweifel: © Jonas Schaffter, Basel
Bildredaktion: Arabelle Frey, Zürich
Umschlaggestaltung: Hauptmann & Kompanie Werbeagentur, Zürich
Druck und Bindung: CPI books GmbH, Leck

Wir bedanken uns bei:
– Holzofenbäckerei Bio Andreas AG, Basel
– «Ängel oder Aff», Basel
– M. Zumstein Gärtnerei, Schönenbuch BL
– Lilo Wicki

ISBN 978-3-280-05679-0

Die Deutsche Nationalbibliothek verzeichnet diese Publikation in der Deutschen Nationalbiblio-grafie; detaillierte bibliografische Daten sind im Internet unter www.dnb.de abrufbar.

Inhalt

Staub und Goldstaub

Vorwort

∿

Eines der Schlagworte, die uns umbrausen, heißt »Digitale Revolution«. Als Laie kann man ihm entnehmen, dass sich ein tiefgreifender Wandel unserer Gesellschaft anbahnt. Mit unvorhersehbarer Geschwindigkeit wird dieser heftige Wandel in Bildungssystemen und Arbeitswelten Grabenbrüche verursachen, vielfache Veränderungen des Umgangs miteinander erzeugen und zu neuen Formen der Lebensgestaltung zwingen.

Ob die digitale Revolution Fortschritt, Wissensgewinn, Lebenserleichterungen und Menschheitsbeglückung bringen wird oder ob sie nicht vielleicht in einer bestimmten Phase beginnen wird, ihre eigenen Kinder zu fressen: Wer kann das wissen? Wer kann die möglichen Folgen in umfassender Weise und mit allen ihren Interaktionen abschätzen?

Im Blick auf dieses weite Feld in seiner ganzen gigantischen Dimension mag der im vorliegenden Buch gewagte Versuch, im Gestern Gutes für das Heute zu finden, recht naiv wirken. Bei dieser Spurensuche nach dem Guten des Gestern geht es aber nicht um Kuscheldecken-Regression, um eine Dosis Besänftigungs-Nostalgie-Tropfen und liebenswürdiges »Früher-Irgendwo-Irgendwann«. Es soll darauf hingewiesen werden, dass Leib und Seele nicht – hoffentlich nie – digital gesteuert werden können, sondern analog agieren, und dass man diesen Tatbestand rechtzeitig in Betracht ziehen sollte. Es lohnt sich, das Menschsein nicht zu verlernen, die Orchestrierung unserer Sinneswahrnehmungen zu beachten und nicht zu übersehen, dass Gemüts- und Herzensbildung immer noch einen wertvollen Lernbereich darstellen.

Eine häufig gestellte Frage lautet: »Und was soll das bringen?« Was also bringt es, in das Gewölbe hinab zu steigen, in dem Kindheits- und andere Erinnerungen eingelagert sind? Diese Erinnerungen wollen nicht einfach für sich stehen, sondern als Beispiele erkennbar machen, welche Wertvorstellungen vor einigen Jahr-zehnten Gültigkeit hatten und was damals für wichtig oder unwichtig gehalten wurde. Manche Episoden machen deutlich, was endgültig und oft zu Recht der Vergangenheit anheimgefallen ist. Andere wiederum lassen – wenn man genau hinhört – doch aufhorchen und geben zur Überlegung Anlass, dass das eine oder andere auch heute noch etwas »bringen« könnte. Es gibt erstaunlich Vieles, was einem nicht abhanden kommen dürfte, was man nicht aus den Händen lassen sollte.

Erinnerungen, Gedanken, Anregungen, Rezepte: Alltags-Erfahrungsmaterial. »Nicht immer sind es die großen Taten, die sich wie ein Wunder anfühlen, son-dern auch die kleinen Akte, die im Alltag des menschlichen Zusammenlebens Solidarität, Nächstenliebe, Hilfsbereitschaft und Güte zum Ausdruck bringen«, sagt Annelie Keil, emeritierte Professorin für Sozial- und Gesundheitswissenschaf-ten an der Universität Bremen. Oft sind es gerade die kleinen Erfahrungen, die einfachen Handgriffe, die kurzen Atempausen oder ein flüchtiges, gefühlsmäßiges Innewerden, die uns weiter bringen und Leib und Seele nähren oder regenerieren.

Nicht immer macht das Große ein Leben hell, spannungsvoll oder immerhin erträglich. Sondern es ist – wir nehmen den Dichter Conrad Ferdinand Meyer zu Hilfe – »vielleicht ein Wort, vielleicht ein Lied. Ein kleines, stilles Leuchten«.

Satt werden an Leib und Seele

∽

Als der Sonntag noch Weißbrot war

Am Jahresende sprach die Großmutter nie von Silvester, für sie war der ganze letzte Tag im Jahr der Altjahrabend. Ich kleines Mädchen konnte mir diesen Altjahrabend gut vorstellen. Gewiss sah er ähnlich aus wie die alte Frau Rychen vom Bauernhof neben dem Großeltern-Haus. Aus ihrem zerfurchten Gesicht blickten müde, aber freundliche Augen. Frau Rychens Rücken war gekrümmt, dennoch bewegte sie sich mit eiligen kleinen Schritten. Ich freute mich, wenn ich Frau Rychens stramm aus der Stirn gekämmte Haare betrachten konnte, die sich am Hinterkopf zu einem Zopf kringelten und immer glänzten, als seien sie mit buttergefetteten Händen sorgsam geglättet worden.

Am Altjahrabend kam ein Knecht vom Bauernhof zu den Großeltern. Im Auftrag von Frau Rychen überbrachte er Glück- und Segenswünsche zum neuen Jahr und überreichte dazu ein frisch gebackenes Neujahrsbrot, das er sorgsam aus einem Küchentuch hob. Das Brot roch wunderbar und schimmerte goldgelb. Ich fühlte, dass dieses Neujahrsbrot, das der Großvater am Neujahrsmorgen anschneiden würde, etwas Seltenes und Kostbares war – vielleicht konnte man ja die guten Wünsche, die der Knecht ausgesprochen hatte, mit jedem Bissen Brot in den Mund nehmen und in sich hineinschlucken?

Weißbrot, das wusste ich, kam nur am Sonntag auf den Tisch. Der Sonntag war Weißbrot, das am Samstag von einem Bäckergesellen in einem mächtigen Rücken-Tragkorb zu den Kunden gebracht wurde. Weißbrot bedeutete das Außergewöhnliche. Es war so sonntags-außergewöhnlich wie das Glockengeläute, die Sonntagsschule mit dem demütig nickenden Missionsbatzen-Negerlein oder

der lange Nachmittagsspaziergang und das Glas Himbeersirup in der Gartenwirtschaft unter dem Schattendach der alten Kastanienbäume.

Manchmal wurde ich in die Bäckerei geschickt, um bei der kleinen, hübsch rundlichen und liebenswürdigen Frau Berger ein paar »Zähnerstüggli« zu holen: Wenn Besuch erwartet wurde, gab's zum Tee von diesem Kleingebäck, das je 10 Rappen kostete. Auf einem grossen Pappschild an einer Wand des Bäckerladens las ich jeweils den in riesigen Lettern gedruckten Spruch »Altes Brot ist nicht hart. Kein Brot, das ist hart.« Nein, altes Brot konnte wirklich nicht hart und ungeniessbar sein. Weil Krieg war und man nicht einfach beliebig viel Brot kaufen oder selbst backen konnte, hatte die Großmutter für jedes Familienmitglied ein unterschiedlich gemustertes Leinensäckchen genäht. Zum Wochenbeginn wurde jedem die ihm zustehende Brotration zugeteilt, mit der musste man dann eben sorgfältig umgehen. Ich mochte hartes Brot. Wenn man die dunkle Rinde lange genug kaute, bildete sich im Mund ein angenehm süsslicher Brei. Brot durfte man nicht wegwerfen. Weil die Großmutter von Kindern zu erzählen wusste, die jenseits der Grenze lebten und Hunger litten. Und da war auch noch das Märchen vom Brot-Zwerg, der aufpasste und einen schmerzhaft ins Bein zwicken würde, hätte man achtlos Brot zu Boden fallen lassen.

Jahre später, ich besuchte schon die Unterstufe des Mädchengymnasiums in der nahen Stadt, mangelte es nicht mehr an Brot. Noch war die Zeit fern, da auf der Einladung zu einem Treffen oder einer Konferenz der unvermeidliche Vermerk »Kaffee und Gipfeli« zu lesen sein würde – das Schweizer Gipfeli, das anderswo Hörnchen oder Kipferl genannt wird. Aber es gab nun ausser Brot auch Brötchen aller Art, und der Sonntagszopf trat an die Stelle des Laibs Weißbrot am Sonntagmorgen.

Einmal war ich zum Frühstück im Elternhaus einer Klassenkameradin eingeladen. Vom weiss gedeckten Tisch, dem feinen Porzellan mit dem schönen blauen Dekor und dem blinkenden Silberschälchen mit der Zuckerzange war ich ungemein beeindruckt, aber gleichzeitig verängstigt. Auf dem Tisch stand ein seltsames Gerät, in das die Hausfrau Weißbrotscheiben schob, die dann plötzlich mit einem leisen Knall wieder aus der Maschine hüpften. Mir wurde eine dieser warmen, leicht gebräunten Brotscheiben gereicht, und ich begriff, dass man diese nun mit Butter und Konfitüre bestreichen durfte. Als ich in die Scheibe biss, erschrak ich – wie sollte ich bloss dieses Brot essen, ohne ständig ein unhöflich knackendes Geräusch zu machen? Diese Brotscheiben, die von der Hausfrau als »Toastbrot«

bezeichnet wurden, schmeckten gut. Aber nicht entfernt so gut wie das Brot von damals, als der Sonntag noch Weißbrot war.

Seither sind Jahrzehnte vergangen, die Regale beim Grossverteiler quellen über von einer Fülle unterschiedlicher Brotsorten. Sie geben sich Mühe, so auszusehen und zu riechen wie etwa echte Flûtes aus Frankreich oder wie Bauernbrot, das gerade eben dem Holzbackofen entnommen worden ist. In den Bäckereien wird das Brot des Monats angeboten. Es wird mit Körnern und Kernen gearbeitet – und zuweilen wird ein altes Brotrezept neu zu Ehren gezogen, das sich dann mit seinem ursprünglichen, altertümlichen Namen wie z.B. „Ackersegen" erfolgreich verkauft.

Der tschechischen Schriftstellerin Bozena Nemcova (1820–1861) ist das Märchen »Drei Haselnüsse für Aschenbrödel« zu verdanken, das 1973 verfilmt worden ist und seit Jahren unweigerlich an einem der Weihnachtstage in Fernsehprogrammen auftaucht. In einer Geschichte aus dem Jahre 1855 erzählt Bozena, wie ihre Großmutter vor dem Brotbacken den Backtrog segnete »und diese Segnung wiederholte, so oft der Teig in die Hand genommen wurde.« Kam man in die Nähe des Backofens, war der Gruss »Gott segne es« eine Selbstverständlichkeit. Brot wurde nicht verschwendet, Brosamen durften nie mit Füssen getreten werden, man las sie sorgsam vom Boden auf. Großmutter verdross es auch, »wenn sie sah, dass das Brot nicht gerade geschnitten wurde. „Wer mit Brot nicht zurecht kommt, kommt auch mit den Menschen nicht zurecht", sagte sie.«

Das Kreuzzeichen über dem Brotlaib, ehe er in die Glut des Backofens geschoben wird, die Kreuz-Kerbe auf der Oberfläche des Teiges oder der Segensspruch beim Anschneiden des Laibes: Derartige Rituale sind weitgehend verschwunden und höchstens noch in abgeschiedenen ländlichen Gegenden erhalten geblieben. Aber was hindert uns daran, dem täglichen Brot erneut mit Respekt zu begegnen? Wieder einmal einen neuen Nachbarn mit Brot und Salz willkommen zu heissen, mit den uralten Segenszeichen für Gesundheit und Wohlergehen? Wieder einmal ein pures Stück Brot ganz langsam zu essen – »Kind, du musst das Brot dreissig Mal kauen, das macht dich gesund!« – und spüren, dass Brot Genuss bedeuten kann. Unser aller tägliches Brot.

Rezepte

◇◇◇◇◇◇◇◇◇

Altes Brot kann neu werden

Aus einer Verbindung von Ehrfurcht vor dem Brot, haushälterischer Notwendigkeit und Kochtopf-Erfindungsgeist sind „Altes Brot"-Rezepte entwickelt worden, die immer noch nutzbar gemacht werden können. Zuweilen sind diese Rezepte in den Mengenangaben oder bei der Beschreibung des Arbeitsablaufs zwar nicht immer so präzise, wie man das heute etwa von Rezepten aus dem Internet erwarten darf. Entscheidend sind vielmehr ihr Gehalt an Anregung und ihre Variationsmöglichkeiten.

Rezepte mit altbackenem Brot passen nahtlos zu den Bestrebungen der modernen No food waste-Bewegung, die für die sorgsame Nutzung von Nahrungsmitteln und gegen gedankenlosen Verschleiss kämpft. Hart gewordenes Brot klein schneiden, einweichen, mit Zutaten vermengen und verarbeiten: Das macht zwar Arbeit und ist weit entfernt von dem, was als convenience food bezeichnet wird. Eindeutig ein Gewinn ist jedoch das Gefühl, ein Lebens-Mittel verwertet und mit ein paar Handgriffen und Küchenkreativität verwandelt und neu genussfähig gemacht zu haben.

Wassersuppe

Eine Arme-Leute-Suppe, mit der um die Mitte des 19. Jahrhunderts der grollende, knurrende Magen notdürftig beruhigt werden konnte. Wasser, Salz, Brot: An eine Verfeinerung der Suppe mit Gewürzen oder auch einigen Tropfen Sojasauce war damals nicht zu denken.

- Altes Brot in kleine Stücke schneiden und in heisser Butter anrösten.
- 1 l Wasser aufkochen, Brot beigeben, salzen, köcheln lassen, bis das Brot verkocht ist.
- »Vor dem Anrichten wirft man eine Hand voll gehackte Petersilie und Schnittlauch darein.«

Besser eigenes Brot als fremder Braten
(Deutschland)

Brotsuppe mit Tomaten

Um 1930 wurden die beliebten Restebrot-Suppen mit Gemüse angereichert und pikant gewürzt. Aus im Backofen gedörrten und gerebelten Selleriescheiben oder auch aus dem Selleriegrün und Salz oder Meersalz lässt sich auch heute noch Selleriesalz herstellen.

1 Suppenteller voll altbackenes, geschnittenes Brot
4 Tomaten
1 Bund gehackte Petersilie; Selleriesalz
2 EL Butter

- Brot in der Butter dünsten, dann Wasser, die geviertelten Tomaten und das Gewürz beigeben.
- 15 Minuten kochen, durch ein Sieb drücken und nochmals aufkochen.
- Im Teller mit gehackter Petersilie bestreuen.

Brotpastete

Die Pasteten soll vor etwa 1000 Jahren in Frankreich entstanden sein. Im Verlaufe der Zeit wurden in Form und Farce immer reichhaltigere und raffiniertere Pasteten entwickelt, die steigende Vielfalt an Gewürzen trug das ihre dazu bei. Kreative Köchinnen buken in bürgerlichen Küchen Pasteten, für die auch altes Brot verwertet werden konnte.

Für die Brotpastete braucht man eine Cakeform.

Der Garpunkt der Pastete kann mit einer Stricknadel ermittelt werden: Klebt kein Teig mehr dran, ist die Pastete gar.

Das folgende Rezept reicht für 4 Personen.

300 g altbackenes Weißbrot
2 Zwiebeln
3 dl Milch
2 Eier
1 TL Salz
½ TL Muskat
½ TL Pfeffer
400 g gehackte Rindsleber

- Geschälte Zwiebeln fein hacken.
- Brot in Würfel schneiden, mit heisser Milch übergiessen und beides gut vermengen. Brot, Zwiebeln, Eier mitsamt den Gewürzen zur Leber geben.
- Alles sorgfältig mischen und in eine gefettete Cakeform füllen.
- Backofen auf mittlere Hitze vorheizen.
- Pastete während 60 Minuten backen.

Man kann Brot ohne Liebe geben.
Aber wenn man Liebe gibt, wird man auch immer Brot geben

(Leo Tolstoi)

Brotauflauf

Das Rezept, vor rund 60 Jahren in einem Kochbuch publiziert, stellt sich als »Oberhalbsteiner Brotauflauf« vor. Sicher kam dieser Auflauf schon viel früher und nicht nur in der Talschaft Oberhalbstein im Kanton Gaubünden auf den Tisch. Mitsamt dem altbackenen Brot konnten Fleisch- oder Käseresten verwertet werden.

- 1 altbackenes Pariserbrot oder alte Brötchen (ca. 300 g).
- Brot in Stücke schneiden, mit heisser Milch übergiessen.
- 30 Min. quellen lassen und dann zu einem dicklichen Brei rühren.
- 3 Eigelb, 1 Tasse vollfetten geriebenen Käse und 1 Stückchen frische Butter sowie gehackte Petersilie und Schnittlauch mit dem Brei vermengen.
- Ewas salzen und dann Eischnee von 3 steif geschlagenen Eiweiss darunterheben.
- Die Masse in eine gefettete Auflaufform füllen und bei mässiger Ofenhitze (ca. 160 Grad) etwa 30 Minuten backen.

Liebe ist wie das tägliche Brot
immer gleich und doch immer anders.
(Sigrid Undset)

Brotküchlein

Es müssen nicht immer Hackfleischküchlein sein: Brotküchlein, mit einigen Speckwürfelchen aufgepeppt, schmecken ebenso gut zu Gemüse oder Salat – und einmal mehr kommt altbackenes Brot ins Spiel.

> 250 g altbackenes Brot
> 2 Zwiebeln
> 100 g Speckwürfelchen
> Kräuter-Petersilie oder Schnittlauch, Majoran, Sellerieblätter, Maggikraut (Liebstöckel) Thymian – oder eine Mischung aus zwei, drei Kräutern
> 2 grosse oder 3 kleine Eier
> Salz, Pfeffer, etwas Paprikasalz oder Streuwürze
> Mehl, Fett oder Öl zum Braten

- Brot in heissem Wasser einweichen, sehr gut ausdrücken.
- Speckwürfelchen langsam ausbraten, dann beiseite legen und die fein gehackten Zwiebeln darin andämpfen.
- Die Eier aufschlagen und mit dem Brot, den gehackten Zwiebeln, den Kräutern, den Gewürzen und den Speckwürfelchen vermengen.
- Aus der Masse Küchlein/Frikadellen formen.
- Küchlein mit Mehl bestäuben und im heissen Fett oder Öl beidseitig goldbraun braten.

Tipp für Vegetarier: Den Speck weglassen und stattdessen 100 g fein gehackte Champignons verwenden.

Besser a Brot em Sack als a Feder aufm Huat

(Schwäbisch)

Vogelheu mit Quittenwürfelchen

Die Brotkomposition mit dem lustigen Namen »Vogelheu« kommt in verschiedenen süssen, aber auch in salzigen Varianten vor. Vogelheu war einst ein ebenso beliebtes wie sättigendes und preisgünstiges Familien-Abendessen. Meist gab es dazu eine grosse Tasse Milchkaffee oder Tee.

Die Vogelheu-Version aus dem Kanton Basel-Land ist insofern interessant, als sie sich mit Quittenwürfelchen präsentiert. Weniger arbeitsintensiv wird das Gericht, wenn Apfelspalten verwendet und zusammen mit den Brotscheibchen gebraten werden. Pikant kommt das Vogelheu daher, wenn es mit Salz und Pfeffer gewürzt und mit Speck- oder Käsewürfelchen aufbereitet wird. Zu diesem würzigen Sattmacher passt ein Salat.

4 Quitten
2 dl Apfelsaft
1 TL Butter
250 g angetrocknetes Weißbrot
1 dl Milch
2 Eier
2 EL Honig
2 EL Vanillezucker
1 EL Butter

- Quitten mit einem weichen Tuch gut abreiben, schälen, vierteln, entkernen und in kleine Würfel schneiden.
- 2 TL Butter in einer Pfanne erwärmen, Quittenwürfelchen darin andünsten, dann Apfelsaft beigeben und die Quitten weich kochen.
- Weißbrot in Scheibchen schneiden und in der heissen Butter goldbraun braten.
- Eier, Milch, Honig und Vanillezucker gut miteinander vermengen und dem Brot beigeben.
- Die Masse unter ständigem Rühren in der Pfanne zum Stocken bringen.
- Sofort portionenweise auf die Teller verteilen und Quittenwürfelchen darüber geben. Nach Belieben mit Zimtzucker oder gehackten Nüssen überstreuen.

Das Brot, das ihr verkommen lasst, ist das Brot der Hungernden.

(Basilius der Grosse, Kirchenlehrer)

Fotzelschnitten

Einst sollen die Fotzelschnitten in der Schweizer Militärküche bei der Verwertung von Brotresten eine tragende Rolle gespielt haben – man sprach despektierlich von einem »Ranzenfüller«. Auch in der häuslichen Küche kam das Rezept der sparsamen Hausfrau sehr zupass. Fotzelschnitten eigneten sich sehr gut als nahrhafte Grundlage zu Apfelmus oder zu einem Obstkompott, wenn der Garten überreichlich Früchte hergab.

Woher der seltsame Name kommt? Im alemannischen Dialekt kann mit »Fotzel« sowohl ein nachlässig abgerissenes Stück Papier als auch ein Mensch mit einem Mangel an charakterlichen Qualitäten sein. Auf jeden Fall wird auch mit der Fotzelschnitte dem alten Brot Ehre angetan.

Rezept für 4 Personen
- Altes Weiss- oder Schwarzbrot in Scheiben schneiden.
- 2 dl Milch erhitzen, die Brotscheiben in die Milch tauchen, etwas abtropfen lassen.
- 3 Eier in tiefem Teller zerklopfen, jede Brotscheibe darin wenden und in heisser Bratbutter beidseitig goldgelb braten.
- Anschliessend in Zimtzucker wenden.

Varianten:
- Mit wenig Mehl und den zerklopften Eiern ein Teiglein anrühren.
- Die zuvor in Butter leicht angebratenen Brotscheiben darin wenden und dann ausbacken.
- Fotzelschnitten dürfen sich »Bündner Weinschnitten« nennen, wenn sie vor dem Backen statt mit Milch mit Wein getränkt worden sind.

Torta di Pane

Rezepte für Torta di Pane, die Tessiner Brottorte, lassen sich in grosser Zahl finden: In vielen Tessiner Familien wird dieser wunderbare Kuchen nach einem ganz eigenen und überlieferten Rezept gebacken. Kommt dazu, dass das Rezept je nach Tal und Ort wieder eine andere, spezielle Färbung bekommt.

In Rezepten mit italienischem Sprachgebrauch ist von »pane anziano« die Rede. Früher wurde in den Bauernfamilien nur im Drei- oder Vierwochenrhythmus Brot gebacken. Man war dankbar, Brot im Haus zu haben und bezeichnete deshalb das nicht mehr frische Brot nicht verächtlich als alt, sondern als nicht mehr jung, als »anziano.«

Beim Thema Verwertung von altbackenem Brot muss die Torta di Pane unbedingt einen Ehrenplatz bekommen. Dieser Kuchen zeigt exemplarisch, mit welcher Sorgfalt in einer kärglichen, wirtschaftlich schwachen Landesgegend mit dem Brot und überhaupt mit Lebensmitteln umgegangen wurde – und mit welcher Intelligenz und mit wieviel praktischem Sinn Rezepte entwickelt wurden, die dem Mangel überraschende Möglichkeiten entlockten.

Wie hiess wohl die Bäuerin, die sich irgendwann überlegte, dass man hartes Brot nicht nur weich und genussfähig machen kann, wenn man es in die heisse Minestrone, also die Gemüsesuppe oder in Kaffee eintunkt? Mit altbackenem Brot als Basis erfand sie eine festliche Torte, deren Zubereitung individuelle Variationen erlaubt, lange haltbar ist und deren besonderer Geschmack sich anderntags nicht verflüchtigt, sondern eher noch verdichtet.

Rezept für eine runde Springform, ca. 24 cm Durchmesser

1,5 l Milch

1,2 kg altbackenes Brot, klein gewürfelt

200 g trockene Amaretti (kleines italienisches Mandelgebäck)

150 g Zucker

30 g Kakaopulver

30 g Pinienkerne

50 g Rosinen

50 g Zitronat

abgeriebene Schale von 1 Bio-Zitrone

1 Prise frisch geriebene Muskatnuss

40 ml Tessiner Grappa (Tresterbrand)

Mandelstifte für die Garnitur

- Backofen auf 190 Grad vorheizen. Tortenform sorgfältig mit Butter ausstreichen und mit Mehl bestäuben.
- Milch in einem grossen Topf erhitzen, jedoch nicht zum Kochen bringen. Alle weiteren Zutaten hinzufügen und gut vermischen. Falls die Masse zu flüssig ist, noch etwas Brot untermischen; ist sie hingegen zu trocken, noch etwas Milch beigeben.
- Masse in die vorbereitete Tortenform füllen, glatt streichen und mit den Mandelstiften bestreuen.
- In der Mitte des vorgeheizten Ofens etwa 45 Minuten backen, die letzten 10 Minuten auf der untersten Schubleiste.
- Garprobe: Holzstäbchen einstecken und sofort wieder herausziehen. Bleiben keine feuchten Krümel am Stäbchen hängen, ist der Kuchen fertig.
- Torte aus der Form lösen und auf einem Kuchengitter auskühlen lassen.

Apfel

Vom Apfel mit dem Namen der Rose

Von den Großeltern hatte ich »Ämtli« zugeordnet bekommen. Aufgaben, die ich zu erledigen hatte. Auch wenn ich Unkrautjäten in den Gemüsebeeten beinahe so grässlich fand wie die Beschäftigung mit dem Strickzeug und den widerspenstig steifen, bösartig glänzenden Stricknadeln, so gehörte eben auch das Jäten zu den Ämtli: Derartige Aufgaben gaben dem Kind das Gefühl, nützlich und somit daseinsberechtigt zu sein.

Auf einem Landstück, das sich im hintersten Teil des riesigen Gärtnerei-Gartens befand, standen die Obstbäume. Ich liebte sie fast so sehr wie meine besondere Freundin, die Birke. Oder den knorrigen Fliederbaum, in den ich manchmal hochkletterte, mich in eine starke Astgabel setzte, den Ast links und rechts neben mir umfasste und mir vorstellte, selbst auch Wurzeln zu bekommen wie der alte Baum.

Die Obstbäume boten ein Ämtli, das mir besonders gefiel: Am frühen Vormittag mussten da die nächtlicherweile zu Boden gefallenen Äpfel aufgehoben und in einem Korb gesammelt werden. Im Frühsommer warf der Baum mit den Kläräpfeln seine Früchte ins Gras. Die schmeckten nicht sonderlich gut, durften nicht lange gelagert werden und mussten deshalb bald zu Konfitüre oder Kompott verarbeitet werden.

Eine ganz eigene Würze hatten dagegen die Gravensteiner-Äpfel vom Baum nebenan. Ich freute mich, diese rötlich-gelb gestromten Äpfel aus dem feuchten Gras aufzuheben und ihre Rundung in der Hand zu spüren. Ein anderer Baum wurde vom Großvater „Calville" genannt. Ich fand den Geschmack dieser Äpfel langweilig, da hatten der Goldpermänenbaum oder der Baum mit den Reinetten viel mehr Duft, Saft und Farbe zu bieten. Unter „Goldpermäne" konnte man sich ein wunderschönes exotisches Tier vorstellen und „Reinette" klang so hübsch wie der weibliche Vorname Antoinette, den da den ich einmal irgendwo gehört hatte.

Mein Lieblingsbaum brachte Äpfel hervor, an denen ich jeweils lange roch und die ich immer streichelte, bevor ich eine dieser Früchte aß. Die Äpfel hießen »Berner Rose«, das duftende Fruchtfleisch wurde von einer sattroten Schale umspannt – von fast genau jenem samtenen Rot, wie sie eben auch voll erblühte Rosen haben können. Biss ich in eine Berner Rose, war ich jedes Mal aufs Neue entzückt, dass das Fleisch unmittelbar unter der Schale zartrosa gefärbt war.

Der unvergleichliche, süss duftende Apfel mit dem Namen der Rose und seinem leicht erröteten Fruchtfleisch: Irgendwann verschwand er aus meinem Kinderleben. Ich trauerte ihm nach. Der Berner Rose-Apfelbaum wurde gefällt und da, wo er einst wurzelte, wurden Häuser gebaut.

Die Vollkommenheit des Apfels

Schon möglich, dass immer noch irgendwo Berner Rosen reifen. Im Supermarkt jedoch hat dieser verletzliche Kinderparadiesapfel keinen Platz mehr, da werden robustere Apfelsorten mit optimaler Haltbarkeit verlangt. Der Apfel mit dem Rosen-Namen und andere seltene Apfelsorten sind wohl schon dann in Vergessenheit geraten, als die grüne „Granny Smith" aus Australien siegreich Einzug hielt. Mit Hilfe gentechnischer Manipulationen sind nach und nach Apfelsorten entwickelt worden, die von Flecken, Verkrustungen und anderen Alters- oder Ermüdungserscheinungen frei bleiben. Der Apfel hat sich in praller Makellosigkeit zu präsentieren, so will es das Diktat eines Perfektionsstrebens, das weder vor Mensch noch Apfel Halt macht.

In Theodor Storms liebenswürdigem Gedicht »Herr von Ribbeck auf Ribbeck im Havelland« ist von einem Mann die Rede, dessen Birnbaum im Herbst reichlich Früchte trägt. Geht ein Kind am Garten vorüber, ruft ihm Herr von Ribbeck freundlich zu: »Kumm man röwer, ick hebb ne Birn.« Ob sich ein Kind heute noch freuen und dankbar weiter hüpfen würde, böte ihm in der Nachbarschaft ein Herr von Ribbeck am Gartenzaun eine Birne oder einen Apfel an? „Power-Powder" nennt sich ein neuer Trend: Obst und ebenso verschiedene Gemüse werden in pulverisierter Form angeboten. Bunte Tüte aufreissen, Pulver in Wasser auflösen – fertig ist der Trunk, der laut Werbung rasch, unkompliziert und in konzentrierter Form Gesundheit und Wellness liefert.

Apfel-Power-Powder im Wettstreit mit klarem oder naturtrübem Apfelsaft? Eine saftige Apfelwähe, Öfel-Chüechli – also Apfel Küchlein – oder auch ein im Backofen sanft vor sich hin schmorender Bratapfel sind eindeutig kein Fall für Pulver; ebenso wenig wie für all die vielen Apfel-Speisen, von denen schon in sehr alten Kochbüchern die Rede ist.

Im schönsten Sinne zeitlos ist das angenehme Gefühl, das die Rundung eines Apfels in der Hand hervorruft. Zeitlos schön ist ebenso das Geschmackserlebnis, das sich ereignet, wenn man in einen Apfel beisst, sich die Zähne lustvoll ins Fruchtfleisch eingraben und köstlicher Fruchtsaft auf die Zunge träufelt. Dieses ganz besondere von der Hand – In den Mund-Gefühl ist unvergleichlich. Selbst dann, wenn aus zahntechnischen Gründen der Apfel zuvor in feine Scheibchen geschnitten werden muss.

Wer den Apfel nicht ehrt, ist der Banane, der Orange, der Papaya, der Ananas oder der Mango-Frucht nicht wert. Vor lauter importierten exotischen Früchten sehen wir manchmal den in der heimischen Region gereiften Apfel nicht mehr. Gewiss, die Frucht vom Baum der Erkenntnis, die unseren Stammeltern Adam und Eva zum Verhängnis geworden ist, war auch kein Apfel, sondern wahrscheinlich ein Granatapfel. Diese Frucht liegt ja nun ebenfalls und fast beiläufig in den Regalen der Einkaufszentren. Wer denkt schon beim eiligen Einkaufen daran, dass der Granatapfel ein Symbol für Unsterblichkeit und Auferstehung ist? Die Vielzahl seiner Kerne – so sah es die mittelalterliche Theologie – soll auch die vielfältig wirksame Hilfe der Gottesmutter Maria versinnbildlichen.

Der Apfel: Er ist und bleibt ein schönes Sinnbild für Schlichtheit, hinter der sich Grösse verbirgt, die mehr sein als scheinen möchte.

Rezepte

Alles Apfel

Jeder Apfel, fructus malus, ist ein kleines Wunder und ein Gesundheitspaket – auf jeden Fall dann, wenn ihm ein möglichst naturbelassenes Wachstum vergönnt war. Der bekannte Spruch »An apple a day keeps the doctor away« ist kein schwachsinniger Werbespruch: Der Apfel bietet ungefähr 300 Biostoffe und dient eindeutig der Erhaltung der Gesundheit. Organische Säuren wirken bei der Entgiftung der Leber mit, Pektin schützt Darm und Gefässe, ätherische Öle und Gerbstoffe haben ebenfalls Heilwirkung. Abgesehen vom gesundheitlichen Angebot ist der Apfel ein kulinarischer Inspirator, der den Geruchssinn, den Erfindungsgeist und die Lust am Kombinieren weckt.

Apfelmus

Das Apfelmus aus geschälten, vom Kerngehäuse befreiten und in grobe Stücke geschnittenen und mit etwas Zitronensaft zu Mus gekochten Äpfeln ist ein Multitalent. Sein süss-säuerlicher Geschmack begleitet die urchigen Älpler-Maggrone, einem nahrhaften Gemenge aus Teigwaren, Kartoffeln, Zwiebeln und Käse. Apfelmus passt gut zu edlen Tafelspitz-Gerichten, es lässt sich zu Desserts verfeinern oder als Kuchen-Füllung verwenden.

Apfelmus mit Schnee (1854)

- 1 kg Äpfel, das Kerngehäuse entfernen und in Stücke schneiden.
- 2 dl Wasser und Weisswein, die abgeriebene Schale einer Bio-Zitrone und nach Belieben Rosinen und Zucker beigeben.
- Bei kleiner Hitze Äpfel sehr weich kochen.
- Durchs Passevite treiben, mit Zucker und nach Belieben mit Rosinen abschmecken.

Variante 1:

- Mus zu einem glatten Brei verrühren, hierauf wird das Weisse von 4 Eiern zu einem steifen Schnee geschwungen.
- Wenn er steht, gesiebten Zucker (Puderzucker) darunter gemischt, die Äpfel dann in Form eines Berges auf die Platte gelegt, mit ein wenig Zucker bestreut und in den Bratofen gesetzt, bis sie Farbe bekommen.

Variante 2:

- 4 Eiweisse steif schlagen und vorsichtig 2 EL Puderzucker unterheben.
- Apfelmus in eine feuerfeste Form geben, mit der Eiweissmasse bedecken und bei ca. 180 Grad golden gratinieren.

Über Rosen lässt sich dichten, Äpfel muss man beissen.

(Goethe)

Apfel-Kürbis-Mus (für 4 Personen)

3 Boskop-Äpfel
300 g Kürbisfleisch
1 dl Wasser
50 g Zucker
1 TL Zimt
1 TL Butter
2 EL grobes Paniermehl

- Äpfel und Kürbis schälen, Gehäuse entfernen und in kleine Würfel schneiden.
- Mit dem Wasser in einer Pfanne zugedeckt weich kochen, danach durchs Passevite treiben oder mit dem Pürierstab vermengen.
- Mit Zucker und Zimt vermischen, portionenweise in Schälchen geben und mit dem in Butter kurz gerösteten Paniermehl überstreuen.

Ein Apfel, der runzelt, fault nicht so bald

(Volksweisheit)

Apfelmuskuchen

Mürbteig oder Blätterteig
1 Teller kaltes Apfelmus
Eigelb zum Bestreichen

- Eine runde Backform mit Butter bestreichen, den Boden mit Backpapier belegen, Teig darauf auslegen und in grossen Abständen mit einer Gabel einstechen.
- Das Apfelmus darauf ausstreichen.
- Aus den Teigresten Bänder schneiden und als Gitter über den Belag legen.
- Aus Teigresten eine Rolle drehen und als Rand rund um den Kuchen legen.
- Teiggarnitur mit verklopftem Eigelb bestreichen und den Kuchen im vorgeheizten Ofen bei 170 Grad Hitze ca. 30 Minuten backen.

Adam war ein Mensch, das erklärt alles.
Er wollte den Apfel nicht des Apfels wegen,
sondern nur, weil er verboten war.

(Mark Twain)

Apfel-Datschi mit Kirschwasser (8 Stück)

Mit dem saftigen bayrischen Wort „Datschi" ist das gemeint, was man in der Schweiz als »Tätschli« bezeichnet, also ein in der Pfanne gebratenes Küchlein. Das Datschi-Rezept aus dem Kloster Andechs kombiniert Äpfel mit Erdäpfeln.

3 mittelgrosse Äpfel
1 mittelgrosse Kartoffel
4 EL Mehl
1 grosses Ei
1 gestrichener EL Zucker
1 TL Zitronensaft
Bratbutter
4 EL Kirschwasser
Puderzucker zum Bestreuen

– Äpfel und Kartoffel schälen und auf der Bircherraffel fein reiben.
– Alles mit dem Mehl, dem Zucker und dem Ei zu einem dicken Teig verrühren.
– Bratbutter erhitzen, aber nicht zu heiss werden lassen und portionenweise dünne, bierdeckelgrosse Datschi in die Pfanne geben. Beidseitig goldbraun backen.
– Datschi auf eine grosse Platte legen, mit Kirschwasser beträufeln und mit Puderzucker bestreuen – und sofort servieren.
– Alkoholfreie Variante: Datschi mit etwas Apfelsaft beträufeln.

Ein fauler Apfel im Korb verdirbt das ganze Obst

(Niederländisch)

Apfelsalat

Ein Salat, der vor bald 100 Jahren insbesondere im Herbst und im salatarmen Winter gerne zu Wild oder zu Geflügel serviert wurde.

- Weiche, säuerliche Äpfel – wie etwa Boskop – schälen, vierteln und vom Kerngehäuse befreien, dann in feine Scheibchen schneiden.
- Mit einer Salatsauce übergiessen, der eine Prise Zucker zugefügt worden ist.
- Vor dem Servieren mit gehackten Baumnüssen bestreuen.

Pikante Variante:
- 1 Zwiebel und 10 g Knoblauch fein hacken und alles in 2 dl Hühnerbouillon weich kochen.
- 100 g Eigelb und 50 g Senf mit der Zwiebelmischung pürieren.
- 50 ml Sonnenblumenöl und 150 ml Kräuteressig in dünnem Strahl zur Mischung geben.
- Mit Salz, Zucker und Curry abschmecken und zu den Apfelscheibchen geben.

Tee aus Apfelschalen

Die Schale von Bio-Äpfeln sind alles andere als ein Wegwerfprodukt, ganz im Gegenteil: Tee aus Apfelschalen wirkt gut gegen Erkältungen und Husten.

- Äpfel dünn schälen, die Schalen auf einem Backpapier auslegen und an der Luft oder bei 60 Grad im Backofen trocknen lassen.

Achtung: Beim Trocknen den Stiel einer Kelle zwischen Backofentür und Backofen klemmen.

Tee: Die jeweils passende Portion Schalen mit heissem Wasser überbrühen und 10 Minuten ziehen lassen.

Nach Belieben etwas Zitronensaft und Honig beifügen.

»Ich kann fliegen!«, sagte der Wurm, als er im Apfel vom Baum fiel.

(Werner Mitsch)

Apfelweinkuchen Zisterzienserinnenabtei

Zutaten für den Teigboden:

200 g Mehl

75 g Zucker

75 g weiche Butter

1 TL Backpulver

1 Päckchen Vanillezucker

Für den Belag:

1 kg säuerliche Äpfel, z.B. Boskop

100 g Vanillepuddingpulver

200 g Zucker

¼ l Weisswein oder säuerlicher Apfelsaft

Teig:

– Zutaten miteinander verkneten, dann mindestens eine Stunde lang kühl stellen.
– Eine Springform (25 cm Durchmesser) einfetten und den Boden mit einem Backpapier belegen.
– Teig auf einer bemehlten Fläche ausrollen und so in die Form legen, dass der Boden sowie drei Viertel vom Rand bedeckt sind. Teig am Rand mit den Fingern leicht andrücken.

Belag:

– Äpfel schälen und würfeln.
– Vanillepuddingpulver mit Zucker und Wein oder Apfelsaft mischen und gemäss Packungsanleitung einen Pudding zubereiten. Zum Schluss die Apfelstücklein untermischen.
– Belag auf dem Teigboden verteilen und bei ca. 180 Grad 60 Minuten backen.

Kuchen erst aus der Form nehmen, wenn er erkaltet ist. Nach dem Backvorgang jedoch mit einem Messer sorgfältig den Teigrand lösen.

Der Kuchen kann nach Belieben mit Schlagrahm serviert werden, der mit leicht gerösteten Mandelsplittern überstreut wird.

Blüten

Wenn der Teller nach Blüten duftet

Weil mir der Großvater einmal erzählt hatte, vor einem Holunderstrauch müsste man eigentlich jedes Mal den Hut ziehen, betrachtete ich den Strauch im Garten mit Ehrfurcht.

Ob Großvater Recht hatte, als er lächelnd meinte, der Holunder könne Unheil abwenden von Haus, Hof und Menschen? Man nannte den Baum ja auch »Holder«, er hatte vielleicht etwas mit der Frau Holle vom Märchen zu tun. Wenn die weissen Holunder-Blüten den Strauch in einen Wunderbaum verwandelten, freute ich mich ganz besonders. Bald würde die Großmutter eine Menge Blüten sorgfältig mit der Küchenschere vom Strauch abschneiden, an jeder Dolde liess sie ein ziemlich langes Stück vom Stiel dran. In der Küche würde dann jede Blüte rasch im Wasser geschwenkt, ausgeschüttelt und kontrolliert, ob sich doch noch irgendein Mücklein oder eine Blattlaus versteckt hielt. Danach wurden die Blüten einzeln in eine Schüssel getaucht, in welcher ein Teiglein eingerührt worden war. Die Blüte, die nun ganz leicht von Teig triefte, wurde rasch einem grossen Topf in ein Bad aus heissem Fett eingetaucht, um als ausgebackenes Küchlein wieder aufzutauchen. Die Küchlein mussten sofort serviert werden und ein Hauch Puderzucker legte sich wie Zauberschnee über sie. Sie dufteten herrlich und ihr Geruch blieb noch eine ganze Weile am Teller haften.

Einen unverwechselbar anderen, aber ebenfalls köstlichen Duft verströmten jene Küchlein, in denen sich ein junges Salbeiblatt verbarg, die Großmutter nannte diese Küchlein „Müüsli", kleine Mäuse Und erst die weißen Dolden vom Baum, den man Akazie nannte, obwohl er eigentlich eine Robinie war! Jede einzelne, traubenartige Dolde wurde vom Teig wie von einem kostbaren Gitterwerk umschlossen. Lagen die Holunder- oder Akazienküchlein vor mir im Teller, wusste ich: Diese Köstlichkeit musste ganz langsam gegessen werden, denn nur so konnte man ihren zarten Geruch richtig wahrnehmen, ganz tief einatmen und auch das leise Knacken genießen, das entstand, wenn man ins knusprige Teigmäntelchen biss. Duft und Küchlein: Das war heute und jetzt. Bis wieder solche Blüten-Küchlein gebacken wurden, musste viel Zeit vergehen. Ein ganzes Jahr. Eine Ewigkeit also.

Jahre später begegnete mir ein kleines Frühlingsgedicht, das sagte: »Was hier an allen Zweigen blüht/ entzückend überschwänglich/ ist wie ein tausendstimmig Lied/ so leicht und so vergänglich.« Aus dem Gedicht wehte mir der Geruch von Holunder- und Akazienblütenküchlein entgegen, und zärtlich dachte ich an die Großmutter, die schon nicht mehr auf dieser Welt war.

Erinnerung als Duft

Blüten im Ausbackteig hatten in der sogenannt bürgerlichen Küche im kulinarischen Jahresverlauf ihren festen Platz. Salbeiblätter sind nun zwar keine Blüten, aber die im Teig gebackenen Blätter sind als „Müsli" – Mäuschen – ebenfalls eine altbewährte Gaumenfreude. Gottfried Keller hat sie in der Erzählung »Das Fähnlein der sieben Aufrechten« literarisch verewigt: »Die Büchsenschmiedin kochte einen Kaffee, so gut sie ihn je gekocht: Auch nahm sie eine tüchtige Handvoll Salbeiblätter, tauchte sie in einen Eierteig und buk sie in heisser Butter zu sogenannten Mäuschen, da die Stiele der Blätter wie Mausschwänzchen aussahen. Sie gingen prächtig auf, dass es eine getürmte Schüssel voll gab, deren Duft mit demjenigen des reinen Kaffees zum Meister emporstieg.«

Der Duft von Speisen kann – um mit dem Schriftsteller Werner Bergengruen zu sprechen – »im Schatzhaus der Erinnerungen« einen wichtigen Platz einnehmen. Die entsprechende wissenschaftliche Forschung spricht von Geruchserinnerung: Gerüche gelangen über die Funktionseinheit des limbischen Systems in unser Gehirn und können sich da bleibend niederlassen. Sie werden gleichsam zu einem Teil unseres emotionalen Depots.

Der Teller soll nicht jeden Tag nach Blüten duften, und nicht jeden Tag haben wir Gelegenheit, uns den unverwechselbaren Geruch eines Gerichtes als Erinnerung einzuprägen. Es ist ja auch der Seltenheitswert eines bestimmten Geruchs, der ihn kostbar macht. Aber vielleicht liesse sich diese Sinneswahrnehmung mit erhöhter Achtsamkeit verfeinern? Coffee to go und Turbo to go-Essen sind der Kultivierung des Geruchssinns nicht eben förderlich. Musse ist der Boden, auf dem nahrhafte Erinnerungen gedeihen können.

Blüten und Beeren

Die orangefarbenen Blüten der Kapuzinerkresse machten den Anfang:

Unvermittelt tauchten sie als fröhliche Farbtupfer auf elegant angerichteten Tellern auf, und spätetens als Restaurantgast erfuhr man, dass die Blüte durchaus essbar sei. Inzwischen werden sogar in TV-Kochshows Gerichte mit Blüten aufgehübscht. Aus Kräuterkäse geformte Bällchen werden in kleinen Blüten gewälzt und in Praline-Papierhülsen serviert, oder Muffins werden mit Lavendel- oder Borretsch-Blüten bekrönt.

Blüten als Garnitur, etwa auf einem Risotto oder auf einem Dessert drapiert, hätten noch vor einigen Jahrzehnten als Unsinn gegolten. Blüten verwendete man von alters her für die Zubereitung von Sirup oder für Teemischungen – höchste Eleganz bedeuteten kandierte Blüten, etwa kandierte Veilchen. Diese Spezialität soll Kaiserin Elisabeth, die legendäre Sisi/Sissi, besonders gerne gekostet haben.

Rezepte

◇◇◇◇◇◇◇◇

Ausbackteig für Blüten-Küchlein und „Müüsli"

180 g Weissmehl
1 TL Öl
2 dl trockener Weisswein
1 Eiweiss
1 Prise Salz

- Mehl mit dem Salz in einer grossen Schüssel zusammen mit dem Wein mit dem Kochlöffel zu einem dickflüssigen Teig anrühren. Öl einrühren.

  Achtung: Zügig arbeiten, bei zu langem Rühren wird der Teig zäh!

- Teig 30 Minuten ruhen lassen.
- Eiweiss zu Schnee schlagen und mit einem Gummischaber leicht unter die Teigmasse ziehen.
- Blüte am Stiel fassen, in den Teig tauchen und im heissen Fett oder Öl ausbacken.

Variante:

250 g Mehl, 2 dl Weisswein, 2 Eier, etwas Salz:
- Eier trennen, aus dem Eigelb und den übrigen Zutaten einen glatten Teig rühren.
- Teig ruhen lassen, dann den steif geschlagenen Eischnee unterziehen.

Als die Kirschen vor Jahrzehnten noch reichlich und für wenig Geld zu haben waren, banden erfahrene Köchinnen jeweils einige Kirschen zu kleinen Sträusschen, die sie in den Teig tauchten und zu „Gebackenen Kirschen" ausbuken.

Die Glocke hat den Tag hinausgeläutet.
Der Duft der Blüten läutet nach

(Japanisch)

Holderzune/Toggenburger Holunderbeeren-Mus

1 kg saubere, abgezupfte Holunderbeeren
50 g Butter
1 ½ EL Mehl
2 dl Rahm (Sahne) oder halb Milch, halb Rahm
80–100 g Zucker, eventuell. etwas Zimt

– Mehl in der Butter leicht anrösten, mit Rahm ablöschen und die Beeren
  mit dem Zucker beigeben.
– Unter ständigem Rühren bei kleinem Feuer zu einem dicken Mus ver-
  kochen. Mit Zucker und Zimt bestreuen.

Brei aus getrocknetem Holunder (16. Jh.)

– Holunderblüten nach dem Pflücken rasch mit Wasser überbrausen, dann
  auf Backpapier an der Sonne oder im Backofen trocknen.
– Blüten abstreifen und luftdicht aufbewahren.
– Bei Bedarf nehme man warme Milch, übergiesse damit die Blüten und
  seihe sie ab.
– Dann weicht man Weissbrot in kaltem Wasser ein, gebe es in die Milch mit
  dem Duft und dem Geschmack von Holunderblüten und lasse alles
  kochen. Man schmecke es mit Gewürzen ab und gebe in die Schüssel.

Woche

Wochenplan mit Abschweifungen

Erklang das Zeitzeichen von Radio Beromünster, wusste ich: Jetzt hat man sich ganz still zu verhalten, denn die Großeltern wollen die Nachrichten hören, das ist wichtig. Nur der Großvater durfte diese Regel durchbrechen. Gellte aus dem Radioapparat die schnarrende, bösartige Stimme eines Mannes aus Deutschland, der in abgehackten Sätzen Dinge sagte, die dem Großvater missfielen, schimpfte dieser laut und liess mit einem Knall die geballte Faust aufs Radio-Gehäuse krachen.

Manchmal durfte ich eine Weile allein Radio hören, etwa dann, wenn Lieder aus der Sammlung »Röseligarte« gesungen wurden. Ich liebte diese Lieder, die oft sehr wehmütig klangen und von Mädchen erzählten, die Babeli oder Anneli hiessen. Lustig war dagegen das Lied von den Männern, die sich jeden Tag zum Mittagessen treffen wollten. »Härzalleriliebsti Brüeder mein, wann wollen wir widerum beisammen sein? Am Sonntag isch Fleischtag.« Am Montag kam »Überblieb vom Sonntag« auf den Teller, am Dienstag jedoch wurde frisch gekocht. Mittwoch war Sauerkrauttag, Donnerstag Tag der gelben Rüben. Der Freitag wurde als »Chnöpflitag« besungen, und am Samstag setzte sich die vergnügte Freundesrunde zu »Chüechli« an den Tisch. Strophe um Strophe reihten sich Tag und Speisefolge aneinander, das Lied konnte wieder von vorne beginnen und endlos lange gesungen werden.

Dieses Gleichmaß von Wochentag und Mittagessen war mir vertraut. Am Montag verarbeitete die Großmutter Reste vom Sonntagsbraten mit Hörnli zu einem nahrhaften Auflauf, der von einer dicht gehäuften Lage aus grob gehobelten und kross gebratenen Zwiebeln bekrönt wurde, von einer Zwiebelschweize. Zum Mittwoch gehörte meist der Gemüsereis und am Freitag wurde immer eine dicke Gemüsesuppe aufgetischt, danach hob die Großmutter eine riesige Obstwähe aus dem Backofen.

Abweichungen vom festgelegten Wochenplan hielten sich an den Wechsel der Jahreszeiten und all das, was im Garten geerntet werden konnte. Waren auf dem Komposthaufen riesige, keulenartige Zucchetti gewachsen, wurden sie zerteilt, ihre Hälften ausgehöhlt und mit einem Gemisch aus Reis und wenig Hackfleisch gefüllt, oder es gab mit Zucchetti gefüllte Omelette – die Großmutter war erfindungsreich. Der Herbst roch oft tagelang nach Zwetschgenmus und der Winter nach Sauerkraut und Lederapfelkompott. Rote Radieschen, knackfrische weiße Rettiche, die wie verspätete Eiszapfen aussahen und ebenso der herbe Löwenzahnsalat gehörten zum Frühling wie die Freude, dass man wieder Kniesocken tragen durfte und Rollschuh fahren konnte.

Wahl-Qual in der Vielfalt

Den einstigen Wochenplan-Rhythmus gibt es kaum mehr. Wer sich in der Stadt über Mittag fliegend verpflegen will oder muss, kann wählen zwischen amerikanischem Fast-Food, Thai-Gerichten, Sushi, Chinesischen Frühlingsrollen, griechischem Gyros, mexikanischen Tapas und vielen anderen Angeboten. Wer selbst kocht, weiss zuweilen nicht, zu welchem Gewürz aus dem reichhaltigen exotischen Sortiment er oder sie greifen soll oder welche tropische Frucht im Supermarkt geschmacklich das hält, was ihr Aussehen verspricht. Um 1930 unterteilten manche Kochbücher ihre Vorschläge für Mittagsmenüs noch in die Kategorien »Bürgerlich«, »Für größere Ansprüche«, »Einfach« oder »Fleischlos«. Inzwischen ist Ernährung zu einer wissenschaftlichen Disziplin oder auch zu einem Statussymbol der je eigenen Weltsicht geworden – wenn nicht gar zu einem Indikator für hohe moralische Werte.

In einem Vortrag machte der Zürcher Soziologieprofessor Peter Gross mit einem ganz alltäglichen Beispiel auf den Überhang an Wahlmöglichkeiten im Bereich Ernährung aufmerksam. Er erzählte, wie er sich im Einkaufszentrum die endlos lange Reihe von Joghurt-Bechern mit all den unterschiedlichsten Aromen und Konsistenzen angeschaut habe. Schließlich habe er sich zu einem Entscheid aufgerafft, seine Wahl getroffen und einen Becher in den Einkaufskorb gestellt.

»Schon beim Anstehen an der Kasse überlegte ich mir, ob ich nicht doch ein Fruchtjoghurt mit einem anderen Aroma hätte wählen sollen.«

Vielfalt ist schön und anregend, kann aber auch verwirren. In einer alten Basler Familie wurde während vieler Jahre zum „Ärbsmues" geladen. Ob zum Erbsmus auch noch ein edles Stück Fleisch gereicht wurde, wissen nur jene Leute, die das Privileg hatten, das herrschaftliche, hoch über dem Rhein gelegene Haus als Gast zu betreten. Auch im Fürstenhaus derer von und zu Liechtenstein – so berichtete es die einstige Chefköchin Julie Hahnl – wusste man schlichte Speisen wie etwa ein Linsengericht sehr zu schätzen, allerdings gerne auch in Begleitung von Rebhuhn oder Fasan. Ein im Tessin wohnhafter, international angesehener Mediziner war bekannt für seine Gastfreundschaft. Die Haushälterin des Professors trug jeweils eine grosse Platte Polenta, ein Holzbrett mit Bergkäse und rustikalem Ziegenkäse und eine Flasche Merlot auf – und jeder fühlte sich wohl am Tisch. Das Gericht nährte, das Tischgespräch war nährend.

Auf dem Feld der neuen Begriffe ist plötzlich das Wort „Verschlichtung" gewachsen. Verschlichtung muss weder mit zwanghaft inszenierter Einfachheit und Schlichtheit und schon gar nicht mit Verzichtideologie zu tun haben. Aber vielleicht täten Atempausen inmitten der Überfülle gut und das Weniger-ist-mehr-Prinzip könnte als Entlastung erlebt werden?

Einfachheit – nicht etwa Einfalt – statt der Vielfalt, die man meist gar nicht mehr zu schätzen weiss. So gesehen hätte auch die alte Sitte, an einem bestimmten Wochentag ein bestimmtes Essen anzubieten, nicht unbedingt mit Eintönigkeit zu tun. Je nachdem kann solch ein Tag das Gefühl wohltuender, ruhiger Verlässlichkeit vermitteln.

Rezepte

◇◇◇◇◇◇◇◇◇

Ärbsmues/Erbsmus

(Für 6 Personen)

600 g getrocknete gelbe Erbsen
1 Rüebli
1 Zwiebel
1 kleines Lorbeerblatt
20 g Knollensellerie
1 Bouillonwürfel
200 g geräucherter Speck
Salz, Pfeffer aus der Mühle, Muskat
50 g Butter

– Erbsen mit heissem Wasser übergiessen, über Nacht stehen lassen.
– Einweichwasser abgiessen. Erbsen in Wasser langsam zum Kochen bringen und ohne Rühren eine Stunde kochen lassen.
– Dann Wasser abgiessen, so viel frisches Wasser zugiessen, dass die Erbsen knapp davon bedeckt sind.
– Alle Zutaten (ausser den Gewürzen und der Butter) beigeben, zum Kochen bringen und unbedeckt so lange kochen, bis die Erbsen weich sind und zerfallen.

Achtung: Je nachdem immer wieder etwas Wasser zugeben, damit nichts anbrennt.

– Gemüse, Speck und Lorbeer entfernen und die Erbsen durch ein Passevite treiben.
– Mit Salz, Pfeffer und wenig Muskat würzen und die Masse unter ständigem Rühren so lange kochen, bis sie die Konsistenz von Kartoffelstock hat.
– Butter beigeben und mit Schneebesen oder Stabmixer aufschlagen.

Es gibt niemanden, der nicht isst und trinkt,
aber nur wenige, die den Geschmack zu schätzen wissen.

(Konfuzius)

Ryys und Poor

„Ryys" ist Reis und mit „Poor" ist Lauch gemeint. Das alte Urner Gericht soll schon in Kochbüchern aus der Mitte des 18. Jahrhunderts aufgetaucht sein, es ist heute noch beliebt und wird je nach Gegend leicht abgewandelt – etwa so, dass dem sämig gekochten Reis Kartoffelstücke beigegeben werden. „Ryys und Poor" war ursprünglich eine Fastenspeise, lässt sich aber auch von Wurst oder geräuchertem Fleisch begleiten.

400 g Risotto-Reis
400 g Lauch
100 g gehackte Zwiebeln
50 g Butter
1 l Gemüsebouillon
ev. Reibkäse

Für die Zwiebeln:

120 g Butter
200 g geschnetzelte Zwiebeln
2 fein gehackte Knoblauchzehen

– Die gehackten Zwiebeln mit dem in Rädchen geschnittenen Lauch
  in der Butter dünsten. Reis dazugeben und glasig andünsten.
– Mit Bouillon ablöschen, auf schwachem Feuer in etwa 15 Minuten zu
  einem geschmeidigen Risotto kochen. Immer wieder rühren und
  bei Bedarf Bouillon nachgiessen. In einer Bratpfanne die geschnetzelten
  Zwiebeln und den Knoblauch in der Butter andünsten.
– Masse in eine Gratinform geben, mit Käse und den Zwiebeln bekrönen.
– „Ryys und Poor" im Backofen bei 200 Grad goldgelb gratinieren.

*Als ob es eine Kunst wäre, mit viel Geld ein anständiges Mahl
herzurichten. Kinderleicht ist das, der grösste Esel bringt es zuwege.
Wer sein Handwerk versteht, der braucht wenig Geld
und kocht trotzdem gut.*

(Jean Baptiste Molière)

Specklinsen Liechtenstein

- 750 g braune oder grüne Linsen über Nacht in Wasser einweichen
  (rote Linsen müssen nicht eingeweicht werden).
- Einweichwasser abschütten, Linsen knapp mit Gemüsebouillon bedecken.
- 50 g in Würfelchen geschnittenen Knollensellerie beigeben und Linsen
  weich kochen.
- 225 g Bauchspeck in Würfelchen schneiden und mit 1 fein gehackten
  Zwiebel mit 1 EL Mehl bestäuben.
- in Butter leicht anschwitzen, am Schluss Petersilie beifügen.
- Alles zu den Linsen geben, mit 1 EL Essig und Bouillon nochmals kurz
  aufkochen.

Das Gericht ist für vier Personen gedacht.

Randbemerkung: Aus gekochten – nicht verkochten – Linsen, die
allenfalls mit kleinen Apfelstückchen vermischt werden, lässt sich ein
feiner Salat herstellen. In Schwaben werden oft Linsen gleichzeitig
mit Spätzle serviert. Die Nährstoffe der beiden Gerichte scheinen sich
hervorragend zu ergänzen.

*Wenn ihr gegessen und getrunken habt, seid ihr wie neu geboren,
seid stärker, mutiger, geschickter zu eurem Geschäft.*

(Johann Wolfgang v. Goethe)

Zigerhöräli (für 4 Personen)

Eine Glarner Speise, die mit verschiedenen Salaten, Apfelmus oder einem Kompott aus gedörrten Zwetschgen serviert werden kann.

- 300–350 g Hörnli in genügend Salzwasser al dente kochen, in einem Sieb abgiessen, kurz mit heissem Wasser überspülen und abtropfen lassen.
- 300 g Schabziger auf der Bircherraffel reiben, dann Hörnli und Schabziger lagenweise in eine vorgewärmte Gratinplatte einfüllen.
- 1 dl Rahm zum Kochen bringen und über die Hörnli geben.
- 1 EL Paniermehl darüber streuen, den Auflauf mit einer Alufolie bedecken und etwa 10 Minuten im vorgeheizten Backofen gut heiss werden lassen.
- Zum Schluss 60–80 g Butter nussbraun erhitzen und über die Hörnli giessen.

2.5

Hafer

Viel mehr als Müesli

Wenn Erwachsene sagten, ich sehe doch recht schmächtig aus, schämte ich mich. Was hatte ich falsch gemacht? „Schmächtig" konnte gewiss nichts Gutes bedeuten.

Als Mittel gegen seine Schmächtigkeit wurde dem Kind eine tägliche grosse Portion Milch verordnet, die es an den Wochentagen im Bauernhaus ganz in der Nähe des Großelternhauses trinken sollte. Waren die Bauernknechte am Nachmittag nicht draußen auf dem Feld beschäftigt, setzten sie sich zum Zvieri ebenfalls an den Küchentisch, an dem ich vor einer bauchigen Schale sass, in welcher die heiße Milch dampfte. Der Geruch der Flüssigkeit, auf deren Oberfläche sich eine schrumpelig-schleimige Haut gebildet hatte, machte mir Brechreiz. Aber der erste Schluck musste gewagt und die „Muchle" leer getrunken werden – noch zögerte ich, jedes Mal hoffte ich auf Erlösung, auf ein Wunder, irgendeins. Ich wartete vergeblich, da waren die Knechte, die mich auslachten und anfeuerten, endlich auszutrinken. Manchmal zählten sie bis 20, manchmal stellten sie eine Sanduhr auf: Waren die feinen Körnchen aus dem oberen Kolben nach unten gerieselt, durfte nicht länger gezögert werden – »und jetzt wird getrunken«, grölten sie dann. Es gab kein Entrinnen, ich fasste die Milchkachel mit beiden Händen und trank und trank – um dann rasch nach draussen zu rennen. Über dem Brennesselstrauch hinter der Wagenscheune erbrach ich mich. Aber, ein Glück, der Nachmittag war überstanden und der Nachmittag des nächsten Tages noch in weiter Ferne. Dann würde ich wieder vor meiner Milch sitzen, denn ich wagte nicht, mich aufzulehnen oder jemandem von der Horror-Milch zu erzählen. Milch war etwas Kostbares, »Milch und Brot macht Wangen rot«, hiess es. Man wollte mir ja helfen, ich sollte doch gross und stark werden, die Schmächtigkeit sollte verschwinden.

In Großmutters Küche roch die Milch ganz anders, und man durfte sie kalt verwenden. Milch und Haferflocken, das war eine gute, bekömmliche Mischung. Haferflocken in einen Suppenteller, etwas Milch dazu und schließlich ein Löffelchen mit Konfitüre oder vom dickflüssigen, bernsteinfarbenen Birnendicksaft: Fertig war ein Brei, der mir besser schmeckte als Pudding oder eine Creme. Manchmal tischte die Großmutter ein »Birchermüeli« auf. In einer Zeitschrift hatte ich das Bild eines streng blickenden, bärtigen Mannes gesehen, der Max Bircher hiess, ein berühmter Arzt war und das Haferflockenmüesli erfunden hatte. Der Bircher-Brei machte doch recht viel Arbeit, denn die Flocken mussten erst eingeweicht und dann mit Kondensmilch, Zitronensaft, geriebenem Apfel und fein gehackten Baum- oder Haselmüssen vermischt werden. Der Haferbrei, den Großmutter kochte, war einfacher zuzubereiten, schmeckte genau so gut und wärmte angenehm den Magen – ein bisschen so wie die Bettflasche, an der man im Winter die Füße halten und spüren konnte, dass die Warme langsam im Körper hoch stieg.

Dass Hafer auch als Tierfutter wertvoll war, konnte ich feststellen, wenn der schnauzbärtige Bauer Ehrsam aus dem Schwarzbubenland mit Ross und Wagen ankam und Feuerholz oder Tannäste ablieferte. Ehe er zu einem Kaffee in Großmutters Küche stiefelte, band er den beiden Pferden einen Sack um, den er „Habersack" nannte. Die Pferde tauchten ihre Mäuler in den Sack und fraßen vom Hafer. Ihr zufriedenes Schmatzen, Mahlen und Mampfen klang nach tiefer Zufriedenheit und Wohlbehagen.

Jahre später lernte ich in einer alten Basler Familie eine besonders delikate Haferflockenspeise kennen. Mit seiner Schulkameradin sass ich im Wohnzimmer mit edlen alten Möbeln und genoss würzige Haferküchlein, die vom Mittagessen übriggeblieben waren und auch kalt ausgezeichnet schmeckten. Die Hausherrin sass ebenfalls am Tisch – ich musste immer wieder ihr schönes und kluges Gesicht anschauen. Sie erklärte, dass zu diesen Küchlein besonders gern „grüne Kartoffeln" serviert würden, ein Gemisch aus Salzkartoffeln und Spinat. Beiläufig fügte sie hinzu, dass man sich nun bald für die Wochen vorbereiten müsse, die man im Sommerhaus auf dem Land verbringen werde.

Im Flur hörte man Schritte, der Hausherr, ein Professor, kam aus der Universität und seiner Vorlesung zurück. Zwischen ihm und der Frau entspann sich eine kurze Diskussion, es ging um irgendeine häusliche Angelegenheit. Der Professor schien nicht zufrieden zu sein, er reagierte unwirsch und herrschte seine Frau an. Die widersprach nicht, schaute ihren Mann nur ruhig an und sagte: »Ich sehe, Du willst mich wieder einmal in der Demut halten.« Dem Mann stand die Verblüffung ins Gesicht geschrieben. Wortlos zog er sich zurück.

Auf dem vergilbtem Blatt mit dem von Hand geschriebenem Rezept für Haferflocken-Küchlein ist von „Fricadellen" die Rede. Ich entschied, sie Demuts-Küchlein zu nennen. Das Rezept war einfach nachzukochen. Aber was genau hatte es mit dem Begriff Demut auf sich, in welchem sich das Wort „Mut" verbarg?

Von der Demut des Hafers

Beim Sommerhaus, das die Frau des Professors erwähnt hatte, handelte es sich durchaus nicht um ein Ferien-Chalet, sondern um ein stolzes Schloss – das nach Jahrzehnten als Familiensitz schliesslich ins Eigentum eines Kantons überging. Das Schloss wurde von der Familie geschätzt, es schien aber nie Anlass zu Angeberei oder irgendwelchem großspurigen Getue gewesen zu sein. Die Haferflockenküchlein – ein Familienrezept – waren ein essbarer Beweis, dass bewusst gepflegte Einfachheit in der Lebenshaltung weder mit Geiz noch mit Genussverzicht zu tun haben muss.

Hafer hat als Lebensmittel neben Reis, Couscous, Quinoa, Amarant und anderen Gewächsen keinen leichten Stand. Aber allmählich beginnt er aus seiner Randständigkeit heraus zu treten und – in aller Demut – seinen Platz zu behaupten, weil er nämlich so viel Wärme und Energie spenden kann wie kaum ein anderes Nahrungsmittel. Mit den Qualitäten des schlichten Hafers verhält es sich ähnlich wie mit Wundern: »Alle warten auf Wunder, aber keiner schaut mal vor die Tür.« Der Hafer und Haferspeisen erinnern von Ferne auch an die Legende vom Mann, der auszog, um den schönsten Ort der ganzen Welt zu finden. Nach langen Wanderungen und unzähligen Um- und Irrwegen kam er an einen Ort, der ihm über die Massen gut gefiel, an dem er sich wohl fühlte und den er voll Begeisterung zum schönsten Platz auf Gottes Erdboden erklärte. Erst allmählich begriff er, dass er wieder zu Hause angekommen war.

Hafer hat Nährwert

Vor allem in alpinen Gebieten, wo wenig Ährengetreide wuchs, gehörten Hafer- und Hirsebrei einst zur überlebenswichtigen Alltagsernährung. Obst, Gemüse, Wildbeeren oder je nach Jahreszeit und Gegend auch gekochte Kastanien gaben dem Brei Geschmack und Würze. Nachdem Brei-Speisen als Armeleute-Nahrung abqualifiziert worden waren, wurden sie später von der modernen Ernährungs- lehre neu entdeckt: Der einfache Haferbrei, den die Bergler aus Holzschüsselchen gelöffelt hatten, galt nun als als vitamin- und mineralienhaltige Power-Nahrung.

Im Supermarkt sind die Regale voller vorgefertigter Müesli-Mischungen aller Art. Ein »Zurück zur Natur« – also zu Hafermus oder Haferbrei ohne Zusatzstoffe – kann unerwartet neue und gehaltvolle Geschmackserlebnisse bieten. Eindeutig feststellbar: Wer zum Frühstück in Ruhe ein paar Löffel Haferbrei zu sich nimmt, startet besser in den Tag als einer, der bloss einen Kaffee in sich hinein schüttet und dann davoneilt. Um dann schon um 10 Uhr in ein Leistungstief abzusinken.

Rezepte

Hafergrütze (für 4–5 Portionen)

200 g Hafergrütze
1 l Wasser oder Wasser mit Milch gemischt
1 TL Salz
1 EL Butter
Zucker und Zimt nach Belieben hinzufügen

– Butter in der Pfanne heiss werden lassen, Hafergrütze beigeben
   und bei mittlerer Hitze leicht anrösten.
– Wasser oder Milchwasser dazu giessen, Salz beigeben und bei milder
   Hitze unter häufigem Rühren 30–40 Minuten köcheln.
– Heiss auftragen und mit Zimtzucker bestreuen.

Variante:
Statt Hafergrütze Haferflocken verwenden, was die Kochzeit
auf 10 Minuten reduziert. Nach Belieben klein geschnittenes Obst
oder eine zerdrückte Banane zum Mus geben.

Dem Pferd ist Hafer und Wasser wichtiger als eine goldene Kutsche.

(Heinz Nitschke)

Appenzeller Habersuppe

2–3 EL feine Hafergrütze
2 EL Fett
1 gestrichener EL Mehl
1 Lauchstängel
Einige Blätter von Sellerie und Petersilie
1 ½ l Bouillon
Salz
5 EL geriebener Käse
30–50 g frische Butter

- Das Fett in der Pfanne schmelzen, Hafergrütze, Mehl und den fein geschnittenen Lauch darin anrösten.
- Nach 3 Minuten mit der Bouillon ablöschen, salzen, ½ Stunde köcheln lassen.
- In jeden Suppenteller ein Stück Butter und 1 EL geriebenen Käse geben, mit Suppe übergiessen, dann mit Selleriekraut und Petersilie bestreuen.

Dieses alte Bauernrezept braucht an sich etwas Zeit, die Suppe wird aber schneller fertig, wenn Haferflöckli verwendet werden. Die Appenzeller Suppe lässt sich verfeinern, indem ihr kurz vor dem Anrichten etwas Rahm oder ein geschlagenes Eigelb beigegeben wird.

Haferflockenküchlein/„Demuts"-Küchlein

- Etwa ½ Pfund Haferflocken am Morgen beizeiten in Wasser einweichen, so dass sie das Wasser aufsaugen.
- Etwa 50 g Spickspeck, eine mittlere geschälte Zwiebel, etwas Petersilie durch die Hackmaschine treiben.
- Dies alles in der Omelettenpfanne dämpfen und dann den Haferflocken beimischen.
- 3 EL Mehl hellbraun anrösten, und etwas fein geschnittenen Schnittlauch, 2 Eiern und Salz hinzufügen.
- Von dieser Masse mit einem Löffel Fricadellen abstechen und in Schweineschmalz hellbraun backen.

Variation:

Statt der im Originalrezept erwähnten Hackmaschine, also einem Fleischwolf, wird man heute eine moderne Küchenmaschine einsetzen. Butterschmalz oder Rapsöl kann das Schweineschmalz ersetzen, und dem Salz darf sich auch etwas Paprikapulver, Curry oder ein anderes Gewürz beigesellen.

Des Menschen wahre Hoheit ist Demut.

(Sprichwort)

Haferflockenspeise

10 EL Haferflocken
¼ l Milch oder Rahm
3 EL Zucker, Vanillezucker oder abgeriebene Schale
einer halben Bio-Zitrone
4 Blatt Gelatine (oder Agar-Agar gemäss Packungsangaben)
1 EL Korinthen

- Die Haferflocken mit einer Tasse kochendem Wasser übergiessen und über Nacht stehen lassen.
- Die Milch oder den Rahm mit dem Zucker, der Vanille oder der geriebenen Zitronenschale aufkochen. Mit der aufgelösten Gelatine, den Korinthen und den Haferflocken vermischen. Abkühlen lassen, in eine Schale füllen und kaltstellen.

Beigabe: Fruchtsauce oder Kompott.

Die Welt ist nicht aus Brei und Mus geschaffen, deswegen haltet euch nicht wie Schlaraffen. Harte Bissen gibt es zu kauen. Wir müssen erwürgen oder sie verdauen.

(J. W. v. Goethe)

Haferflockenkuchen

2 Tassen Haferflocken
1 Tasse Sauerrahm
2 Eier
1 Tasse Zucker
1 Prise Salz
1 Messersitze Zimt
2 Tassen Weizenvollmehl
1 Päcklein Backpulver
abgeriebene Schale einer Bio-Zitrone
4–5 getrocknete, in kleine Stücke geschnittene Feigen
½ Tasse Rosinen

– Die Haferflocken mit dem Rahm übergiessen, 6–8 Stunden quellen lassen.
– Eier mit Zucker, Salz , Zimt, Zitronenschale, Feigen und Rosinen mischen und mit den Haferflocken vermengen, dann das mit dem Backpulver vermischte Mehl einarbeiten.
– Masse in eine gut gefettete und am Boden mit einem Backpapier belegte Springform geben und 50–60 Minuten backen.

Knollen

Kraft von köstlichen Knollen

Von Kinderriegeln, Gummibärchen, Schoko-Muffins oder ähnlichen Angeboten der Süßwarenindustrie hatte ich als Kind noch keine Ahnung. Etwas Außerge-wöhnliches war schon der Erwerb eines Stücks Süßholz, das die Frau mit dem wohlklingenden italienischen Namen Botta im kleinen Kolonialwarenladen in einem Schraubglas verwahrt hielt. Auf dem schmalen, grau-braunen, faserigen Süßholz-Wurzelstück konnte man tagelang herumkauen und so einen süßlichen Saft erzeugen, der die Mundhöhle angenehm einbalsamierte. In kugelförmigen Gläsern glänzten in Frau Bottas Laden auch Bonbons, die wie winzige Zitronen- oder Orangeschnitze oder Himbeeren geformt waren. Diese Bonbons sahen hübsch aus, ich mochte aber ihren süß-säuerlichen Geschmack nicht sonderlich. Ich freute sich viel mehr, wenn im Garten Knollen wuchsen, die man aus der Erde hervorziehen, im Brunnen sauber spülen und dann gleich essen konnte. Ein noch junger, kleiner Kohlrabi, orangerote Karotten, eine kleine, dunkelblutrote Rande – das war Genuss.

Dem Knollengemüse, von dem ich während der Erntezeit roh gegessen hatte, begegnete ich wieder während der Wintermonate: Jetzt kam das auf den Tisch, was im dunkeln Keller eingelagert worden war. Eine Knollen-Hauptrolle spielte die Kartoffel. Sie besaß wohl etwas besonders Kostbares, hatte doch der Großva-ter im Garten einen kleinen Kartoffelacker angelegt und dem Kind erklärt, dass jetzt eine »Anbauschlacht« geführt werden müsse – was bedeuten sollte, dass auf jedem Fleck bebaubaren Bodens nun Kartoffeln und Gemüse wachsen müssten. Ich begriff, dass diese Schlacht mit jenem Augenblick zu tun hatte, an dem ganz unerwartet alle Kirchenglocken zu läuten begannen und der Großvater mit gesenktem Kopf dastand und in sich hineinzuhorchen schien.

Weshalb läuteten die Glocken und weshalb war der Großvater wie versteinert mitten auf der Straße stehen geblieben? »Kind, es ist Krieg«, hatte er gesagt und des Kindes kleine Hand mit seiner großen, schwieligen Hand umfasst. Und weil nun eben Krieg war, gehörten Kartoffeln und andere Knollen zu dem, was die Erwachsenen auch „Selbstversorgung" nannten – ein Wort, das mir gut gefiel und Dankbarkeit empfinden ließ, wenn mir die Großmutter eine Kartoffel in den Teller legte und ich versuchte, die glühend heiße Knolle zu schälen. Etwas wie Ehrfurcht fühlte ich auch, wenn gegen Winterende die Kartoffeln auf den Holzgestellen im Keller zu keimen begannen. Mit dem Daumen musste ich die kleinen, weißlichen Ausstülpungen wegknipsen, bevor die Großmutter die Kartoffeln für eine Suppe zurüsten konnte. Ich fragte mich, was in den alten Kartoffeln wohl vorgehen mochte, dass sie fähig waren, aus ihrem schon schrumpeligen Leib doch noch Keime ans Licht zu bringen.

Das Wort Selbstversorgung tauchte etwas später wieder auf, als ich mit meinen Schulkameraden im Wald nach den zu Boden gefallenem „Buechnüssli" (Bucheckern) bückte, aus denen Öl gepresst werden sollte. Unvorstellbar, dass aus dem Innern dieser kantigen kleinen Waldfrüchte eine ölige Flüssigkeit hergestellt werden konnte – zur Selbstversorgung.

Meditation mit Knolle

Jahrzehnte später. Gespräch mit einem Bauern in seinem schönen Hofladen: »Kam doch dieser Tage eine junge Frau zu mir und fragte nach Kopfsalat – jetzt, im Dezember. Ich erklärte der Kundin, dass es in dieser Jahreszeit bei mir keinen Kopfsalat zu kaufen gebe.

»Ja heißt das jetzt, dass meine Familie den ganzen Winter über keinen Salat zu essen bekommt?«, fragte mich die Frau ganz entgeistert.«

Geduldig zeigte ihr der Bauer Randen, Lauch und Kohl, Wirz und Karotten, den schwarzen Winter-Rettich und das Doldengewächs mit Namen Fenchel.

»Die Frau war echt begeistert, als ich ihr eröffnete, dass man all diese Gemüse kochen, aber auch zu Salat verarbeiten könne.«

Für die junge Frau bedeuteten die Erläuterungen des Bauern womöglich eine Art Erweckungserlebnis.

Ein Mikro-Erweckungserlebnis kann einen streifen, wenn man einen prallen Rotkohl-Kopf mit einem scharfen Messer zerteilt und die fantastische Landschaft seines Innenlebens entdeckt. Einen Augenblick lang die Struktur eines grünen Wirsingkohls mit seinen gekrausten Blättern betrachten und befühlen. Sich von der Farbintensität einer rohen Rande überraschen lassen oder beim sorgfältigen Entfernen der haarfeinen Fasern am Stangensellerie die Feinmotorik trainieren: Alles kleine Angebote an Selbstversorgung fürs Gemüt und Beweglichkeitsübungen für Hände und Finger. Seitdem Gemüse wie Petersilienwurzel, Pastinake, Kürbis oder Bodenrüben neu entdeckt worden sind, hat sich dieses Übungsfeld wunderbar erweitert.

Gemüse und Salate zurüsten und zerkleinern, das kann zeitintensiv sein. Scheinbar kein Problem, ist man in Eile, greift man im Supermarkt zum Beutel-Gemüse. Gewaschen, geputzt und sozusagen kaugerecht verarbeitet trauert es den Nährwerten nach, die es im Verlauf des Verarbeitungsprozesses schon verloren hat.

Und wie ist nun der Zeitaufwand zu bewerten, den Gemüse-Handarbeit unweigerlich mit sich bringt? Wie in vielen anderen Situationen auch entscheidet die persönliche emotionale Ausrichtung: Ob ich die Tätigkeit, die ich gerade ausführe, übellaunig als lästig empfinden will oder ob ich den Gedanken zulasse, dass sie mir irgendeine Chance oder zumindest die eine oder andere Anregung zu bieten hat. So gesehen kann das Schnippeln von Gemüse mit gleichmäßigen, kontrollierten Handbewegungen einen beruhigend-meditativen Effekt ausüben. Nervöses Gedankengemenge entwirrt sich, das Karussell der Gedanken entschleunigt sich. Der Stressdruck lässt nach.

Was der gewaltige Umbruch unseres gesellschaftlichen und wirtschaftlichen Gefüges im Zeichen der Digitalisierung in den nächsten Jahren alles mit sich bringen wird, ist wohl selbst für Fachleute nur begrenzt vorhersehbar. Mag sein, dass der Mensch künftig vermehrt Erfahrungen nötig haben wird, die ihn vor einer totalen Selbstentfremdung bewahren. Vielleicht helfen ihm dabei auch kleine, aber dennoch nicht bedeutungslose Erlebnisräume wie etwa der direkte Kontakt mit dem Greifbaren – und dazu zählt eben auch der mit Knollen- und Wurzelgemüse, mit Stängeln und Blättern.

Rezepte

◇◇◇◇◇◇◇◇◇

Kartoffeln aller Art

In seinen Geschichten der »Leute von Seldwyla« erzählt Gottfried Keller mit bezaubernder Anschaulichkeit von einem Kartoffelgericht, das als Kartoffelstock, Kartoffelbrei oder Kartoffelstampf immer noch weit verbreitet ist. »Die Mutter kochte nämlich jeden Mittag einen dicken Kartoffelbrei, über den sie eine fette Milch oder eine Brühe von schöner brauner Butter goss. Diesen Kartoffelbrei assen alle zusammen aus der Schüssel mit ihren Blechlöffeln, indem jeder vor sich eine Vertiefung in das fette Kartoffelgebirge eingrub.«

Essen aus einer einzigen Schüssel: Vor Jahrzehnten war es während der arbeitsintensiven Kirschernte im Baselbiet üblich, dass die Meistersfrau vom Bauernhof zum Frühstück in einer mächtigen Platte eine Riesenportion Rösti auf den Tisch stellte. Mit einem Ruck schüttete sie schwarz glänzende Kirschen aus dem Korb auf den Tisch – jeder nahm sich mit seinem Löffel von der duftenden Rösti und griff sich büschelweise Kirschen. Heute wird diese Form von Gemeinsamkeit beim Essen fast nur noch am Fondue-Topf zelebriert. Im Freundes- oder Familienkreis gemeinsam Stücke von einem Fladenbrot abbrechen oder auch gemeinsam Rösti oder eine Polenta aus einer großen Platte löffeln – warum eigentlich nicht? Einen ersten Ansatz in dieser Richtung ließ der Bündner Spitzenkoch Andreas Caminada erkennen, als er sagte, er halte das System »Alle nehmen aus dem gleichen Topf, essen dasselbe« für ein interessantes Experimentierfeld.

Suuri Gumeli/Saure Kartoffel

Das alte Kartoffelgericht aus dem Kanton Schwyz tut sich gern mit Hackbraten, Fleischkäse oder traditionell auch mit Zwiebelkuchen zusammen.

- 2 fein gehackte Zwiebel in Butter hellgelb anschwitzen, mit 2 Tassen Wasser ablöschen.
- ⅓ Lorbeerblatt 1 Gewürznelke, etwas Bouillonwürze und Salz beifügen.
- In dieser Brühe werden 1 kg geschälte, in dicke Scheiben geschnittene Kartoffeln weich gekocht.
- Kurz vor dem Servieren mit einigen Spritzern gutem Weinessig säuern.

Fortschritt ist, wenn das Gemüse
wieder wie zu Großmutters Zeiten nach Gemüse schmeckt.

(Walter Ludin)

Glarner Pfaffenklösse

–   Einen kompakten Kartoffelbrei zubereiten. Mit einem jeweils in flüssige
    Butter getauchten Löffel eiförmige Nocken abstechen und in eine gefet-
    tete, feuerfesten Platte häufen.
–   Schichtweise mit geriebenem Glarner Ziger bestreuen. Ziger ist ein
    mit rezenten Kräutern gewürzter Hartkäse aus dem Kanton Glarus.
–   Nochmals etwas braune Butter darüber geben und das Gericht
    im vorgeheizten Ofen 10 Minuten durchbacken.

Variante:

Statt Schabziger einen würzigen Bergkäse verwenden
und mit Zwiebelschmälze übergiessen.

Birre-Gkoch (Birnen-Kartoffelgericht, Haslital)

800 g Kartoffeln
800 g Birnen
2 EL Bratbutter
1 gestrichener EL Zucker
Salz
1 EL Butter

–   Geschälte Kartoffeln in kleine Stücke schneiden.
–   Birnen waschen, Kernhaus und Stiele entfernen und mit der Schale
    in kleine Scheibchen zerteilen.
–   Kartoffeln in der Butter kurz anbraten.
–   Birnen dazugeben, salzen und so lange in der Pfanne wenden,
    bis das »Gkoch« weich ist.
–   Vor dem Anrichten den Zucker und die Butter daruntermischen.

Wer Gemüse isst, wird stark. Wer Fleisch ist, wird tapfer.
Wer Reis isst, wird weise. Wer Luft isst, wird heilig.
(China)

Kartoffelnudeln

- 1 kg in der Schale gekochte Kartoffeln noch heiss enthäuten und durch die Kartoffelpresse drücken.
- Mit 1 TL Salz, etwas geriebenem Muskat, 1 Messerspitze Kümmelpulver, 1 Messerspitze Bio-Streuwürze, 2 Eiern und soviel Mehl vermengen, dass die Kartoffelmasse fest wird und nicht mehr an den Händen klebt.
- Dann mit bemehlten Händen kleine Stangen formen, die auf ein gefettetes Blech gelegt und mit zerlassener Butter bepinselt werden.
- Bei mittlerer Hitze etwa 35 Minuten goldgelb backen.

Ich liebe eine reine, gute, gemeine Hausspeis.
(Martin Luther)

Erdäpfel-Käs aus dem Bayrischen Wald

- Kalter, festgekochter Kartoffelstock wird mit reichlich fein geschnittenen Zwiebeln, Pfeffer, Salz und getrocknetem Majoran vermengt und würzig abgeschmeckt.
- Vor dem Servieren kalt stellen.

Mit gerösteten Brotscheiben oder Salat servieren.

Wer Blumen sät, wird kein Gemüse ernten.
(Brigitte Fuchs)

Junge Kohlrabi (4 Portionen)

8 junge Kohlrabi
1 EL Bratbutter oder etwas Rapsöl
½ Tasse Rahm
Salz

– Kohlräbli dünn schälen, halbieren oder vierteln und in dünne Scheiben schneiden.
– Die zarten grünen Herzblättchen fein hacken und mit den Gemüsescheibchen in der heissen Butter oder im Öl leicht andünsten.
– So viel Wasser beigeben, dass das Gemüse nicht anbrennen kann. Auf kleinem Feuer kurz dünsten, salzen kurz vor dem Anrichten den Rahm beigeben, nochmals kurz zum Kochen bringen.
– Mit frisch gehackten Kräutern bestreuen.

Kohlrabi-Varianten:

– Obere Hälfte vom Knollen abschneiden, den unteren Teil aushöhlen und mit dem Deckelteil in Bouillon leicht vorkochen.
– Den ausgekratzten Gemüseanteil mit Hackfleisch Resten von gekochtem Pouletfleisch oder auch mit Champignons vermischen.
– Mit Ei und etwas Paniermehl zur festen Farce vermengen, dann in die Kohlrabi-Höhlungen füllen.
– Deckel samt den Herzblättchen aufsetzen und im Backofen in einer ausgebutterten Auflaufform in etwa 30 Minutenbacken.

Variante 2
Zarte Kohlrabi schälen, fein hobeln und mit einer pikanten Salatsauce übergießen.

Auf die gleiche Weise lassen sich rohe Randen oder auch Fenchel zu Salat oder einer Randen-Carpaccio verarbeiten.

Goldrand

Goldrand-Festessen

Werktag und Sonntag, das waren zwei verschiedene Erlebniswelten. Auch wenn die schwarzen Lackschuhe die Zehen einzwängten und ich mich genierte, weil ich ein Hütchen tragen musste: Der Sonntag hatte eben seine eigenen Regeln. Am Sonntag setzte man sich zum Mittagessen nicht einfach an den Tisch: Es wurde Platz genommen. Und zwar am Auszugs-Tisch in der Wohnstube. Aufgedeckt wurde mit dem Goldrand-Geschirr, das sonst im Büffet wie in einem Schrein verwahrt war.

An Werktagen fanden sich die Familie und die Angestellten am langen Küchentisch ein. Der mir als Kind zugewiesene Platz war am untersten Tischende, gleich daneben stand immer ein zusätzlicher Teller bereit. Manchmal blieb dieser Teller leer, häufig aber klopfte ein Mensch an die Türe, der auf der Straße nach Irgendwo unterwegs war, kaum Geld und umso mehr Hunger hatte und also am Tisch eine warme Mahlzeit bekam – das gehörte sich einfach so. Der Großvater nannte diese Leute »Kundi«, aber das klang nie abschätzig. Er verhielt sich diesen Leuten gegenüber ähnlich respektvoll wie die Bauersfrau vom hoch über dem Dorf gelegenen Gutsbetrieb. Die sagte, man tue gut daran, diesen sogenannten Landstreichern gegenüber gastfreundlich zu sein – da man nie wissen könne, ob sich nicht unter einer dieser ungepflegten Gestalten ein Engel verberge.

Am Alltagstisch wurden die großen, tiefen Teller mit Suppe gefüllt. Waren diese dann sauber ausgelöffelt oder mit einem kleinen Stück Brot trocken gerieben worden, schöpfte die Großmutter in die gleichen Teller Salat, Gemüse, Kartoffeln, oder was es eben an diesem Tag zum Mittagessen gab. An Goldrand-Tagen wurde der Tisch mit einem Suppenteller, einem zweiten Teller fürs Essen und mit schwerem Silberbesteck gedeckt, steif gestärkte Servietten lagen bereit. Goldrand war auch dann, wenn Tante Louise aus Thun zu Besuch kam. Sobald ihr Auto vor dem großelterlichen Haus Halt machte und Oscar, der Chauffeur, in seiner grau-braunen Livree und der Schirmmütze der Tante fürsorglich aus dem Wagen half, kamen die Nachbarskinder angerannt, um dem Ereignis beizuwohnen. Ich genoss den Auftritt meiner Grosstante, deren exquisiter Modellhut allein schon eine Sehenswürdigkeit war, ganz abgesehen vom Auto und Oscar.

Für Großmutter war der Besuch dieser vornehmen Verwandten eher eine Prüfung – denn wie sollte das Mittagessen gestaltet werden, wo doch das Fleisch so teuer war? Großvater hingegen fühlte sich geehrt, wenn die Frau seines Lieblingsbruders Fritz ihren Verwandtenbesuch machte. Er sprach immer mit freudigem Stolz vom großen Bruder, der schon als Bauernbub verkündet hatte, später einmal Millionär werden zu wollen. Die Emmentaler Dorfkinder hatten ihn dafür verlacht und gehänselt, aber der kluge Fritz wusste es besser. Nach vielen misslungenen Versuchen und Rückschlägen gelang es ihm, gemeinsam mit seinem Firmenchef ein besonderes Schmelzkäseverfahren zu entwickeln – die kleinen Dreieck-Käse in der Kartonschachtel wurden weltweit ein Renner. Großonkel Fritz wurde damit ein richtig reicher Mann und überdies zur Goldrand-Familienlegende.

Das Braten-Ritual

Mittelpunkt eines Sonntags- oder auch eines Gast-Essens war immer der Braten. »Es wird mit Recht ein guter Braten gerechnet zu den guten Taten«, pflegte da und dort der Hausherr seinen Wilhelm Busch zu zitieren, wenn er die Zweizack-Gabel in den saftigen Braten steckte und mit dem mächtigen Tranchiermesser Bratenstücke zu schneiden begann. Dieses Ritual unterstrich den Seltenheitswert, der dem Braten und seiner Sauce innewohnte, denn weit häufiger wurde preiswertes Fleisch wie etwa Suppenfleisch, Kaninchenfleisch, Hackfleisch, Zunge, Herz oder Euter verarbeitet. Auch Kutteln gehörten zum Repertoire vieler Köchinnen. Manchen von ihnen gelang es, mit viel klein gewürfeltem Gemüse und Kümmel den streifig geschnittenen Kuh-Pansen durchaus genießbar zu machen. Lecker frittierte Stücke vom Schweinsohr, Hühnerleber, gefülltes Kalbsherz, Kalbshirn: Der heutige Nose to Tail-Trend, der eine möglichst umfassende und respektvolle Nutzung des Schlachttieres anstrebt, ist durchaus keine neuzeitliche Erfindung.

Vor etwa 80 Jahren verstand man unter einem festlichen, durchschnittsbürgerlichen Essen etwa eine Speisefolge von Milken-Pastetchen, Suppe, Schweinebraten, Eierschwämmli, Kartoffelstock oder Nudeln und zum Dessert Torte oder Creme. In vornehmen Familien wurden Spezialitäten wie Gespickter Hecht, Fasan mit Rahmsauce, Brotschinken mit Sauce Madèire, Hummer im Glas oder Omelette surprise serviert. Die Dame des Hauses machte es sich zur Pflicht, stets sorgfältig in einem Buch die Namen der Gäste zu notieren, ebenso die Speisefolge. Man wollte doch nicht denselben Gästen bei einem späteren Besuch nochmals Ente mit Anchovissauce oder Vanillesauce mit Eischnee-Schneeballen servieren.

Eine Einladung zu Fondue oder zu einem Raclette hätte man sich dagegen seinerzeit nicht vorstellen können. Mittlerweile hat die Gastfreundschaft durchwegs einen demokratischen Wandel erfahren. Der Sonntagsbraten allerdings feiert in manchen Restaurants seine Renaissance. »Die Zärtlichkeit des Sonntagsbratens« hiess vor vielen Jahren ein Buchtitel, der heute da und dort eine küchenspezifische Umsetzung erlebt. Zu beobachten ist aber gleichzeitig das neu erwachte Bedürfnis nach einer Vereinfachung der Gastfreundschaft. Obwohl sich unzählige Kochshows mit Gourmet-Raffinessen zu überbieten versuchen, und es ja durchaus spannend ist, in der Küche zu pröbeln und zu experimentieren: Man darf sich gerne auch auf eine Hausspezialität festlegen und etwa zur weltbesten Bündner Gerstensuppe, zum erstklassigen Käsesalat oder zur hausgemachten Lauch-Tarte einladen. Vielleicht ist es Wahrheit, vielleicht nur eine Wanderlegende: Das Lieblingsgericht des sehr bekannten, kulinarisch verwöhnten Basler Kolumnisten und Kochbuchautors -minu ist angeblich „Gschwellti und Käs" – Pellkartoffeln und Käse.

»Jeder Vorstellung eines guten Lebens liegt eine bestimmte Glücksauffassung zu Grunde, die darüber entscheidet, was als erstrebenswertes Ziel erachtet wird«, schreibt die Philosophin Annemarie Pieper. Der jeweilige Grad der individuellen Genussfähigkeit entscheidet, ob eine einfache Speise genauso freudig und dankbar genossen werden kann wie eine aufwändige, wenn nicht gar raffinierte und luxuriöse Goldrand-Speisefolge. Wie die Erfahrung zeigt, muss das gute Leben nicht immer Kaviar sein. Und genau so wahr: Wer nicht geniessen kann, wird meist selbst ungeniessbar.

75

Goldrand-Variationen

Die Festmahl-Zeiten, in denen die Gäste mit drei »Services« traktiert wurden, zu denen Fisch und Pasteten, Enten und Schnepfen, Welscher Hahn und Hirschziemer, Torten und Käse gehörten, sind endgültig vorbei. Rezepte, die noch vor einigen Jahrzehnten zum Repertoire einer ausgedehnten Mahlzeit gehörten, können heute – im Sinne einer Verschlichtung – im Alleingang auftreten und sich von Gemüse, Salat oder Früchten begleiten lassen.

Rezepte

◇◇◇◇◇◇◇◇◇

Sunntigs Pastetli (Sonntags-Pastetchen) (36 Stück)

Im alten originalen Basler Rezept wird ein Pastetenteig zubereitet. Die kleinen Pasteten, die zusammen mit Salat einen ansprechenden Vorspeiseteller abgeben, können aber auch mit einem gekauften Kuchen- oder Blätterteig gelingen.

Für die Füllung:

250 g Hackfleisch vom Schwein
2 Schwöbli/weiche Weissbrötchen
1 kleine Zwiebel, fein gehackt
1 EL fein gehackte Petersilie
2 Eier
Schwarzer Pfeffer aus der Mühle
1 EL Butter

Füllung herstellen:

– Schwöbli zerpflücken und mit etwas Wasser einweichen.
– Gehackte Zwiebeln in etwas Butter weich dämpfen.
– Schwöbli ausdrücken, mit einem Wiegemesser hacken und mit dem Fleisch und der gehackten Petersilie in einer Schüssel vermischen, würzen.
– Backofen auf 200 Grad vorheizen.
– Eiweiss und Eigelb trennen.
– Teig auswallen und mit einem runden Ausstecher oder einem Glas Teigrondellen ausstechen und in gefetteten Förmchen oder einem Muffin-Blech auslegen.
– Aus der Füllmasse kleine Kugeln formen und jeweils eine Portion auf den Teigboden setzen.
– Aus dem restlichen Teig 36 Teigdeckelchen ausstechen. Den Rand der Teigböden mit etwas verquirltem Eiweiß bestreichen und die Teig-deckelchen so aufsetzen und andrücken, dass Boden und Deckel gut zusammenhalten.
– Deckel mit Eigelb bestreichen und die Pastetchen im Backofen ca. 20 Minuten backen.

Sage mir, was du isst und ich sage dir, wer du bist.

(Brillat-Savarin)

Poulet à la Marengo (4 Portionen)

Poulet war einmal eine ausgesprochene Delikatesse – und ist es heute noch, wenn das Huhn sein Leben unter den Bedingungen einer artgerechten Tierhaltung verbringen durfte. Neu respektiert wird heute das Suppenhuhn, das einst so gering geachtet wurde, dass es als Schimpfwort – dummes Suppenhuhn – Karriere machte.

1 fleischiges Poulet
2 fein geschnittene Rüebli/Karotten
2 EL Olivenöl
1 gehackte Knoblauchzehe
1 gehackte Zwiebel
1 EL Mehl
Tomatenpüree
1–2 Gläser Rotwein

Garnitur:
4 Eier, Öl, Gemüse (ev. Bohnen), Salz

- Poulet zerteilen:
- Brust halbieren, zweimal Flügel, zweimal Oberschenkel, zweimal Unterschenkel. Salzen und im heissen Öl anbraten. Tomatenpüree in der Pfanne leicht anrösten, dann alle Zutaten inkl. Mehl beifügen und mit dem Wein ablöschen.
- Falls nötig noch etwas Wein zugießen, das Gericht in ca. 30 Minuten weich dämpfen.
- Öl erhitze, mit einer Kelle einen Sprudel erzeugen, das Ei vorsichtig ins Öl gleiten lassen, goldgelb backen.
- Auf einer Platte die Hühnerteile anrichten, Gemüse dazulegen und mit den gebackenen Eiern garnieren.

Warte nicht mit Essen und Trinken, denn die Welt, die wir verlassen,
gleicht einem Festmahl.

(Talmud)

Quiche au Saumon

– Den Inhalt einer Büchse Lachs abtropfen lassen, Fisch mit Zitronensaft beträufeln und mit fein gehackter Petersilie vermischen.

– Auf einem runden Blech Blätterteig auslegen, ein paarmal mit einer Gabel einstechen. Lachs auf dem Teig verteilen, mit 1 EL Kapern oder gehackten grünen Oliven bestreuen.

– Aus 2 dl Milch oder Rahm/Sahne, 2 zerklopften Eiern, Salz und Muskat einen Guss zubereiten, über die Quiche giessen und mit geriebenem Gruyèrekäse bestreuen.

– Bei 170 Grad im vorgeheizten Ofen 20 Minuten backen.

Pavé au Chocolat

150 g gute Milchschokolade
1 dl Wasser
20 g Butter
200 g Zucker
2 Eier
250 g Löffelbisquits

Garnitur:
2 dl Rahm, 1 EL Zucker

- Schokolade im Wasser schmelzen. Butter schaumig rühren, nach und nach den Zucker und die Eier zugeben, dann sorgfältig die Schokolade untermischen.
- Rand und Boden einer glatten Form mit der Creme einstreichen, Biskuits andrücken und lagenweise Bisquits und Creme auffüllen. Die oberste Creme-Lage glattstreichen.
- Das Pavé mit einem Teller und schwerem Besteck beschweren und einige Stunden in den Kühlschrank stellen.
- Vor dem Servieren die Form kurz in heisses Wasser tauchen, sodann das Pavé auf einen flachen Teller stürzen.
- Mit Schlagrahm (Schlagsahne) und ev. Zuckerveilchen oder Marzipanfrüchten garnieren.
- Nach Belieben Vanillecreme darüber geben.

Vorrat und Vorsorge

Als Bohnen an der Schnur hingen

Der Dachboden im großelterlichen Haus war für mich ein Erlebnisraum, der zu immer neuen Entdeckungen einlud. Die Großmutter war zwar ungehalten, wenn ich für längere Zeit verschwunden war und erst nach mehrmaligem Rufen oder gar einem Drohwort wieder aus meinem Dachboden-Refugium auftauchte – aus dieser halbdunklen Anders-Welt voller Merkwürdigkeiten. Da stand etwa eine mächtig grosse, schwarze Kiste. Hob man den Deckel hoch, lag hier Großvaters uralter, nach Mottenkugeln riechender Militärmantel mit dem seltsamen Namen „Kaputt". Der steife Militärhut mit dem grün-weissen Pompon und den aufgesetzten Blechlettern »49« hiess „Tschako", so hatte Großvater erklärt. Es machte Spass, die Tschako-Unterfütterung aus Leder anzufassen und den Hut aufzusetzen, der mir dann bis zur Nasenwurzel rutschte.

In zwei großen Schränken wurden abgelegte Kleider und Mäntel aufbewahrt. Großmutter befand, noch gut erhaltenes Stoffmaterial werde auf keinen Fall weggeworfen, sondern bis zur Wiederverwertung aufgehoben. Ich begriff: Sehr viele Dinge hatten einen Wert, der auch dann nicht verschwand, wenn sie alt geworden waren und nicht mehr regelmäßig gebraucht wurden. Verwerten hieß, dass man einer Sache einen neuen Wert gab – was sich etwa am Beispiel Wintermantel zeigte. Ein neuer Mantel wäre höchst wünschenswert gewesen. Aber man musste verstehen, dass das Kleidungsstück, obwohl ich ihm entwachsen war, immer noch wärmen konnte. Mit der Verwertung von farblich passendem Kontraststoff an Saum und Ärmeln wurde der Mantel so verlängert, dass er noch einen zweiten Winter lang getragen werden konnte.

Der Dachboden war überdies ein Geruchserlebnis, wenn von Wand zu Wand an lang aufgespannten, festen Zwirnfäden Bohnen hingen. Sie waren an den Buschbohnenpflanzen gewachsen, zu denen man sich tief niederbeugen musste, wenn man die grünen Bohnen pflücken wollte. Diese mussten erst abgefädelt werden, dann wurden sie in einer Pfanne in heißem Wasser kurz überbrüht. Waren sie ausgekühlt und leicht erschlafft, wurden sie mit einer großen Nadel und einem strammen Faden zu einer Endlos-Kette aufgereiht und auf dem Dachboden zum Trocknen aufgehängt. Später bewahrte man die luftgetrockneten, skelettdürren Bohnen in kleinen Leinensäcken auf – als Vorrat. Als Dörrbohnengericht gaben sie zusammen mit Salzkartoffeln und einem Rippli oder Schinkli ein Festessen ab. Eine mögliche Steigerung war die „Berner Platte", da lagerten auch noch Speck- und Wurststücke auf den Bohnen.

War die Bohnenernte reichlich ausgefallen, und hatte man auch viele Stangenbohnen pflücken können, wurde ein Leiterwagen – ein hölzerner Bollerwagen – mit der Bohnen-Fracht beladen. Ich zog den ratternden Wagen bis zum weit entfernten Haus, in dem man Gemüse und Früchte zum Dörren abgeben und nach einigen Tagen wieder abholen konnte. Die Bohnen, die auf dem Dachboden tagelang an Schnüren ihrer Verwertung entgegengedörrt hatten, schmecken gekocht viel besser als jene, die auf Gittern in der Dörrstation behandelt worden waren – davon war ich fest überzeugt.

Konservieren und wertschätzen

Gemüse und Früchte sammeln, haltbar machen und als Vorrat aufbewahren: Ist das heute noch ein Thema, über das nachzudenken sich lohnt? Kolonnen von Tiefkühltruhen sind doch voller Spinat und Erbsen, Bohnen und Broccoli und anderen Gemüsen oder auch Früchten, alles frisch geerntet, nach der Ernte sofort tiefgefroren und deshalb von allerbester Qualität. Und falls wir Salzgurken oder Essigzwiebeln, Konfitüre oder süß-saure Zwetschgen brauchen: Ein Griff ins Regal und hinein in den Korb oder den Einkaufswagen.

Ein kurzer Blick zurück in die Vergangenheit macht deutlich, weshalb vor langer Zeit die Konservierung von Lebensmitteln entwickelt und perfektioniert worden ist. Einst waren die Winter langt, hart und bitterkalt – für Menschen und Tiere eine sich ständig wiederholende Überlebensübung. Noch wusste man nichts von Fleisch, Fisch und Gemüse in Tiefkühlfächern oder von in Büchsen haltbar

gemachten Lebensmitteln. Dörren und einsalzen, pökeln, einstampfen und einkochen: Das alles waren existenzsichernde Arbeitsprozesse. Heute dürfen wir uns
freiwillig mit solchen Arbeitsabläufen beschäftigen und mit ihnen Erfahrungen
machen – einstmals hatte man jedoch keine Wahl, es ging ums Überwintern und
Überleben.

Der Historiker und Mittelalterforscher Werner Meyer schrieb vor gut 20 Jahren: »Mit seiner hochentwickelten Technik hat der Mensch in den letzten 200 Jahren die Welt verändert – nicht unbedingt zu ihrem Vorteil – und die Spuren des
Mittelalters weitgehend verwischt. Es ist ihm aber nicht gelungen, die alten Geister umzubringen. Unter Blech und Plastik und Papier leben sie weiter und warten
auf ihre Stunde.« Niemand möchte auf seine Kühlschrank-Tiefkühlfächer verzichten. Dass aber unversehens in Hochglanzmagazinen von Heiß-Einfüllen und
Räuchern, von Fermentieren und Einlegen die Rede ist, und man erklärt bekommt, wie man mit eigener Hand eine Wurst macht, hat möglicherweise mit
den erwähnten »alten Geistern« zu tun. Sie raunen und murmeln uns zu, dass es
gut wäre, wenn wir die Überfülle und die problemlose Beschaffung von Lebensmitteln nicht in sträflichem Leichtsinn als Selbstverständlichkeit annehmen würden. Verschwendung ist Unsinn. Allein schon die sinnvolle Verwertung von Ge-
müseresten kann dies bewusst machen und den respektlosen Umgang mit
Essbarem heilsam korrigieren. Ganz abgesehen davon: Verwertungsprozesse machen Freude und geben manchmal sogar zu bescheidenem Stolz Anlass. Selbst
einfache Rezepte zur Vorratshaltung können Verhaltensänderungen zumindest
anstoßen.

Rezepte

Bouillon aus Rest-Gemüse

Beim Zurüsten von Gemüse entstehen Schalenanteile, es fallen kurze Wurzelteile oder Schnipsel von Sellerie, Lauch, Kohl und Kraut, Karotten, Pastinaken an, oder man hat den Strunk von Broccoli oder Petersilienstängel vor sich. Das alles kann bis zum letzten Fenchelkrautröhrchen und bis zum letzten Kohlrabi-Stückchen oder einem Zwiebel-Viertel verwertet werden.

- Auf 3 l Wasser, das mit Salz und etwas vegetabiler Bouillon-Paste gewürzt wird, kommen 2 kg Gemüsereste, die man mit einer Zwiebel ergänzt.
- Aufkochen und dann 4–5 Stunden leicht köcheln lassen.

  Die Bouillon gewinnt an Kraft, wenn die Pfanne in einem kühlen Raum einen Tag lang stehen gelassen wird.

- Während des Kochprozesses hat sich die Flüssigkeitsmenge etwas verringert, sie wird nun nach Ablauf der Ruhezeit abgeseiht. Die reine Flüssigkeit nochmals mit etwas Salz aufkochen und dann heiss in Glasflaschen abfüllen.

  Diese würzige Bouillon hält sich im Kühlschrank oder anderweitig kühl gelagert etwa drei Wochen und ist die Basis für verschiedene Suppen, Saucen, Salatdressings oder Schmorgerichte. Mit Pfefferkörnern oder einer kleinen Chili-Schote kann die Flüssigkeit zusätzlich gewürzt werden.

  Gemüse-Bouillon, in die ein mit etwas Rahm verquirltes Ei eingerührt wird: Eine Delikatesse.

Wovon wollen wir leben, wenn wir nicht beizeiten sammeln?

(Kleist)

Gemüse im Salz

Dass in früheren Zeiten das Salz fast so wertvoll war wie Gold, hat auch mit der lebenswichtigen Vorratshaltung zu tun: Salz war und ist nicht nur ein Würz-, sondern überdies ein wertvolles Konservierungsmittel.

- Reste von Karotten, Sellerie, Zwiebeln, Pastinaken, Fenchel und Küchenkräutern werden grob geraffelt bzw. fein geschnitten.
- Für 6 Teile Gemüse verwendet man 1 Teil Salz, also auf 2 kg Gemüse 300 g Salz.
- Gemüse und Salz werden gut gemischt und in einer Schüssel mit der Faust oder einem geeigneten Küchengerät gestampft, sodass das Salz dem Gemüse Flüssigkeit entziehen kann. Gemüsemasse randvoll in Gläser mit solidem Drehverschluss füllen.

Dieses Salzgemüse, gut zwei Jahre lang haltbar, ist in der jeweils angemessenen Dosierung ein ausgezeichnetes Würzmittel für Suppen, gedämpftes Gemüse, Saucen, Ragout und andere Fleischspeisen. Auch Salatsaucen oder Gemüsewähen lassen sich mit dieser Gemüsemischung aromatisieren; selbstverständlich wird man auf eine zusätzliche Salzbeigabe verzichten.

Der Geschmack ist allen Menschen natürlich,
sie haben ihn aber nicht alle in gleichem Masse.

(Jean-Jacques Rousseau)

Salz des Lebens

Bei diesem Rezept geht es zwar nicht um eine Konservierungsmethode, hingegen soll diese Salz-Mischung insbesondere im Winter dem Allgemeinbefinden sehr zuträglich sein. Empfohlene Dosis: Täglich 1 TL über die Suppe oder auch Gemüse streuen – aber keinesfalls kochen.

- Getrocknete Salbeiblätter und Rosmarinnadeln fein mahlen und mit 1 EL Bierhefe, 1 EL geriebenem Parmesan und 1 EL grobem Meersalz gut vermischen.

Niemand ist so beflissen, immer neue Eindrücke zu sammeln wie der, der die alten nicht zu verarbeiten versteht.

(Marie von Ebner-Eschenbach)

Kräutersalz

- Von Kräutern wie Petersilie, Basilikum, Dill, Salbei und was sonst so im Kräuterbeet oder in Balkontöpfen wächst, Zweige oder Stängel abschneiden, auf Pergamentpapier auslegen und an der Luft trocknen lassen.
- Im Herbst die getrockneten Kräuter abzupfen, fein rebeln und mit Salz vermischen. Für 100 g Kräutermaterial benötigt man 1 kg Salz. Wer eine Kräutermühle oder Getreidemühle oder allenfalls eine alte Kaffeemühle besitzt, wird die Kräutermischung fein mahlen. Das Kräutersalz wird in Schraubgläser gefüllt.

Varianten: Das Kräutersalz mit Meersalz zubereiten. In ein mit Salz gefülltes Glas einen Zweig Rosmarin stecken, so entsteht Rosmarinsalz.

3.2

Vorratsglas-Menagerie

Die Weisung »Hol bitte mal schnell im Keller …« hörte ich nicht gern, denn der Keller-Untergrund war mir etwas unheimlich. Hier roch es dumpf, vor allem im Winter, wenn dort Lorbeerbäumchen und Oleanderbüsche in ihren nächtigen Kübeln eingelagert waren und auf den nächsten Sommer warteten.

Eine Türe führte in die Waschküche, am erfreulichsten war der dunkle Vorratsraum, der nur von einem einzigen, kleinen Kellerfenster erhellt wurde. Da lagerten auf Holzgestellen Kartoffeln und Äpfel, und in Reih und Glied standen große Gläser, dicht gefüllt mit Früchten. Birnenhälften, Pfirsiche, halbierte Aprikosen, sattrote Kirschen, goldgelbe Mirabellen oder froschgrüne Reineclauden: Die Farben der im Glas ruhenden Früchte schimmerten geheimnisvoll, die lange Reihe der Gläser verhieß Genuss. Was da in den Sterilisiergläsern haltbar gemacht worden war, kam meist an Sonn- und Festtagen als Kompott auf den Tisch – anders als das, was in den Konfitüre-Gläsern ebenfalls zum Vorrat gehörte. Konfitüre diente dem Alltagsgebrauch, eine kleine Morgenköstlichkeit boten Erdbeer- oder Himbeerkonfitüre oder der Quittengelée.

Stocherte das Kind übellaunig in der wenig geliebten Vierfruchtkonfitüre, deren Geschmack nicht eindeutig auszumachen war, schalt die Großmutter: Auch weniger schöne oder nicht ausgesprochen schmackhafte Früchte mussten genutzt und verwertet werden. Wo kämen wir hin, wenn wir nicht mit allem, was die Erde uns anzubieten hat, sorgsam und dankbar umgingen. Und so hob denn das Kind eben mit dem Löffel von der Vierfruchtkonfitüre eine Portion aus dem Glas und bestrich damit ein Stück der heissen Kartoffel, die während der Kriegs-Mangelzeit häufig das Brot ersetzen musste. Manchmal war die oberste Schicht in einem der Konfitüregläser von einer pelzigen Schimmelschicht bedeckt. Ich ekelte mich, aber die Großmutter hob diesen gräulichen Belag einfach mit einem Löffel ab – es bestehe keine Lebensgefahr, meinte sie. Und dann folgte meist der mahnende Hinweis, dass sie seinerzeit froh und dankbar gewesen wäre, hätte auf dem Küchentisch ihrer Eltern jeden Tag ein Glas Konfitüre gestanden. Das Kind fühlte sich weit fortgetragen, zurück in die Geschichte der Großmutter- Herkunftsfamilie, die in ihrem begrenzten kleinstädtischen Umfeld einst Rang und Namen gehabt hatte, an deren Stammbaum jedoch einzelne Zweige nicht mehr zur Blüte kamen.

Grille oder Ameise?

Jean de La Fontaine, der große französische Fabeldichter, hat mit seiner Geschichte von der Grille und der Ameise ganz wunderbar zwei Menschentypen charakterisiert und indirekt die Vorratshaltung zum Thema gemacht. Die Ameise sammelt den ganzen Sommer lang Vorräte, sie stapelt und hortet. Die Grille dagegen mokiert sich über die fleißige Vorratssammlerin. Sie stellt sich ganz anders aufs Leben ein, sie will die Zeit des Sommers in vollen Zügen genießen, sie zirpt und freut sich ihres Daseins. Der Winter kommt, Kälte bricht ein. Die Ameise hat sich in ihrem Winterquartier wohlig eingerichtet. Sie hat es gut, ihr braucht nicht bange zu sein, sie hat vorgesorgt. Die Grille jedoch leidet Not, sie hungert und bittet die Ameise um etwas Nahrung. Hinterlistig fragt die Ameise, wie sie denn den Sommer verbracht habe.

»Ich habe Tag und Nacht gesungen und alle erfreut, die mir zuhörten«, entgegnet die Grille.

Die Antwort der Ameise: »Na denn, dann kannst du jetzt tanzen.«

Unsympathisch, diese Ameisen-Selbstgerechtigkeit. Dennoch ist der Ameisen-Fleiß nicht zu verachten. Zur Menschheitsgeschichte gehören auch die Methoden der Vorratshaltung und des Menschen Bedürfnis nach Vorsorge. Während einiger Jahre gammelten altmodische Sterilisiergläser mitsamt ihrem Deckel und dem roten Gummiring recht unbeachtet auf Flohmärkten herum. Heute wird in manchen Haushalten wieder nach alter Mütter Sitte sterilisiert, oder aber man wendet die Methode des Heiß-Einfüllens an. Auch das Kochen von Konfitüren ist aktuell, zuweilen wird es sogar wie ein Hobby-Experimentierfeld betrieben. Spielerei? Eher ein neu erwachtes Verständnis für den Umgang mit Gewachsenem und Gewordenem. Nicht auszuschließen, dass auch in unserer Zeit der rasch fortschreitenden Automatisierung und des Überflusses ein urtümliches

Bedürfnis nach Absicherung und Nahrungssicherheit besteht. Vielleicht lächeln unsere Ururahnen, die als Bauern das Feld bestellten und unsere Ururahninnen, die mit ihrer Hände Arbeit für volle Vorratstruhen und die Ernährung der Familie sorgten? Sie lächeln zustimmend, wenn sie sehen, dass wieder wie einst Fisch geräuchert oder Gemüse mit Salz haltbar gemacht wird.

Was wohl die Schweizer Philosophin Jeanne Hersch zur rasch voranschreitenden Automatisierung und Digitalisierung sagen würde? Etwa ums Jahr 1995 prophezeite die große Denkerin, es werde eine Zeit kommen, in der ganz neu der Wert der handwerklichen Tätigkeit erkannt und der unmittelbare Umgang mit Materialien als Inspiration empfunden werde. Möglicherweise würde Jeanne Hersch heute die von ihr oft geäußerte These »Wahrhaft Mensch zu sein ist schwierig, aber Pflicht« mit der aktuellen Situation in Verbindung bringen. Und sie könnte vermutlich erklären, weshalb es Menschen gut tut, wenn sie sich ab und zu mit ganz einfachen Dingen des Alltags beschäftigen: Etwas sorgfältig zubereiten und achtsam so vorbereiten, dass es eine Weile haltbar und zum Vorrat wird.

Rezepte
◇◇◇◇◇◇◇◇◇

Weisse Trauben einmachen (1854)

- Gute reife Traubenbeeren schneidet man auf und nimmt Kerne heraus.
- Auf 1 Pfund Traubenbeeren nimmt man ein ¾ Pfund Zucker und die geriebene Schale einer Zitrone nebst dem Saft derselben und kocht alles zusammen unter beständigem Rühren zu Marmelade.

Heute gibt es im Supermarkt-Angebot kernlose Trauben, sodass man sich das Entkernen der Beeren sparen kann. Einen besonders feinen Geschmack bieten Schale und Saft der Limette.

Früchte heiß in Gläser füllen

Geeignet sind feste, nicht überreife und saubere Früchte oder Fruchthälften – und wichtig sind makellos reine, vorher ausgekochte Glasbehälter mit Schraubverschluss.

- Für 1 l Wasser werden 400 Zucker benötigt. Die Früchte werden in der Flüssigkeit aufgekocht und mit einem Schöpfsieb kochend heiss eingefüllt und mit dem Fruchtsaft randvoll bedeckt.
- Glas gut verschliessen und kopfüber und mit einem Wolltuch bedeckt erkalten lassen. Danach die Gläser in Normalposition an einem kühlen Ort aufbewahren.

Spare in der Zeit, dann hast du in der Not.
Spare in der Not, dann hast du Zeit dazu.

(Volkstümlich)

Quitten-Schnitten einmachen (1854)

- Geschälte Quitten werden in 8 Teile zerschnitten.
- Zu 1 Pfund Quitten wird 1 Pfund Zucker geläutert. Wenn der Zucker eingekocht ist, werden die Schnitten hineingelegt und langsam gekocht, bis sie eine schöne Farbe haben.
- Dann nimmt man sie heraus, legt sie, wenn sie kalt sind, in ein Glas mit Zitronenschalen dazwischen.
- Ist der Saft dick eingekocht, wird er lau darüber gegossen.

Läuterzucker: In Wasser aufgelöster, klargekochter und eingekochter Zucker. Zitronenschale von Bio-Zitronen verwenden.

Buttenmost

- 1 Pfund Hagebuttenmark und 1 Pfund Griesszucker in eine Kasserolle geben.
- Unter beständigem Rühren langsam zum Kochen bringen.
- Auf kleinem Feuer wiederum unter beständigem Rühren 10 Minuten köcherlen.
- Heiss in vorgewärmte Gläser füllen. Gläser sofort verschliessen.

Kleiner Vorrat ist bald aufgebraucht.
(Volksweisheit)

Rüebli- (Karotten) Konfitüre

- 1 kg Rüebli schälen und grob raffeln oder im Mixer zerkleinern.
- Mit 900 g Gelierzucker mischen, aufkochen.
- 20 Minuten auf kleinem Feuer kochen lassen, dann heiss in Gläser füllen.

Rüebli sind hervorragende Geschmacksträger, deshalb sind Konfitüre-Kompositionen wie etwa Rüebli und Ingwer oder Rüebli und Orangen empfehlenswert. Die Mischung Rüebli-Ingwer eignet sich auch sehr gut als herb-süsse Beilage zu Siedfleisch.

Apfel-Holunder-Konfitüre

400 g säuerliche Äpfel
600 g Holunderbeeren
Saft von 1 Zitrone
500 g Gelierzucker
Zimtstängel

- Geschälte Äpfel in kleine Stücke schneiden, Holunderbeeren waschen und gut abtropfen lassen.
- Früchte mit dem Saft der Zitrone und Gelierzucker vermischen, aufkochen und 10 Minuten sprudelnd kochen lassen.
- Noch heiss in gut verschliessbare Gläser füllen.

Ein besonders delikates Aroma wird erzielt, wenn in jedes Glas
½ Zimtstange gegeben wird.

Vorrat ist ungegessene Ernte.

(Volkstümlich)

Mit Essig ins Glas

Essig ist ein uraltes Konservierungs- und Würzmittel, gewonnen aus Wein oder Obst. In Skandinavien kennt man den aus Laubholz hergestellte Holzessig, berühmt ist der italienische Aceto Balsamico, der während Jahrzehnten in Weinfässern reift.

Essig-Zwetschgen

1 kg Zwetschgen
3 dl Rotwein
3 dl Rotweinessig
½ Zimtstängel
1 Gewürznelke
500 g Zucker

- Zwetschgen unter kaltem Wasser waschen, jede Zwetschge mit einer feinen Nadel ein paarmal einstechen und dann in eine Schüssel geben.
- Den Wein zusammen mit dem Weinessig, dem Zucker, dem Zimtstängel und der Nelke aufkochen und heiss über die Zwetschgen giessen.
- Zugedeckt über Nacht stehen lassen. Anderntags die Flüssigkeit in eine Pfanne abgiessen, nochmals aufkochen und lauwarm über die Zwetschgen giessen.
- Wiederum die Früchte über Nacht ziehen lassen, am folgenden Tag Früchte und Flüssigkeit langsam aufkochen, bis die Haut der Zwetschgen an einigen Stellen reisst.
- Die Früchte sorgfältig aus dem Sud nehmen und in Schraubgläser einfüllen. Den Sud etwas einkochen lassen und durch ein Sieb über die Zwetschgen verteilen, die vollständig bedeckt sein müssen.

Kühl und dunkel gelagert sind die Essigzwetschgen ein Jahr lang haltbar und eine Delikatesse zu kaltem Fleisch, Schweinebraten oder Fleischfondue.

Ich kann über die Liebe nicht wie über einen Vorrat verfügen.
Sie ist vor allem Betätigung meines Herzens.

(Antoine de Saint-Exupéry)

Essiggurken

- Mini-Gurken oder die Scheiben von etwas grösseren Nostrano-Gurken in ein Glas füllen.
- Senfkörner, Thymiandolde, Knoblauchzehe und etwas Meerrettich und ein Stück Lorbeerblatt beigeben.
- Essig mit Zucker aufkochen und heiss über die Gurken giessen. Glas sofort verschliessen.

Variante:

- Glas in Pfanne stellen, mit Wasser auffüllen und während 20 Minuten leise kochen lassen.

Das Wasser muss während der Kochzeit 80 Grad haben. Falls man mehrere Gläser gleichzeitig sterilisieren möchte und eine genügend hohe Pfanne hat, können auch einige Gläser übereinander gestellt und mit Wasser bedeckt werden.

Ihr werdet nichts finden, wenn ihr sesshaft werdet und den Glauben hegt, ihr selber wäret ein fertiger Vorrat. Denn es gibt keinen Vorrat und wer aufhört zu wachsen, der stirbt.

(Antoine de Saint-Exupéry)

Schalotten in Essig

- Kleine Schalotten in kaltem Wasser bei mittlerer Hitze aufkochen. Sobald sich die äussere Schale leicht abziehen lässt, Schalotten aus dem Wasser heben.
- Schälen, mit kaltem Wasser überbrausen und mit abgekochtem Salzwasser 24 Stunden stehen lassen.
- Dann auf Küchenpapier abtropfen lassen und in kochendem Weinessig 15 Minuten auf kleinem Feuer leise köcheln lassen.
- Jetzt die Schalotten mit einigen Stückchen Lorbeerblatt, einigen weissen Pfefferkörnern, in Würfelchen geschnittenem, geschältem Meerrettich sowie einigen Zweiglein Estragon und Dill in Gläser (mit weiter Öffnung) füllen.
- Den abgekühlten Weinessig darüber geben, 24 Stunden ruhen lassen, dann den Essig nochmals aufkochen und abgekühlt über die Zwiebeln giessen. Glas fest verschliessen.

Sauerkraut

Sauerkraut wie bei Max & Moritz

Nachdem ich lesen gelernt hatte, wurde ich zu etwas, das die Großeltern lachend eine Leseratte nannten. Wo waren sie denn zuhause, diese Leseratten – und was lasen sie bloß? In »Max und Moritz« von Wilhelm Busch, dessen Verse mir ausnehmend gut gefielen, war nirgendwo von einer Leseratte die Rede. Erzählte jedoch Busch von der Witwe Bolte, die voller Vorfreude in den Keller steigt, »dass sie von dem Sauerkohle eine Portion sich hole«, roch ich förmlich das Sauerkraut, das im Keller der Großeltern in mächtigen Steinguttöpfen eingelagert war. Frau Boltes Sauerkohl, »wofür sie besonders schwärmt, wenn er wieder aufgewärmt« – auch da konnte das Kind mitfühlen, denn die Großmutter wärmte das Sauerkraut ebenfalls auf, der Sauerkraut-Rest vom Vortag wurde meist mit gekochten und geviertelten Kartoffeln verlängert. Auch im aufgewärmten Gericht knackten die Wacholderbeeren im Kraut angenehm zwischen den Zähnen und gaben einen intensiven, herb-würzigen Geschmack ab. Der Großvater kaute oft die rohen getrockneten Beeren – »das ist gut für den Magen und die Verdauung«, pflegte er sich zu rechtfertigen, wenn die Großmutter sich wieder einmal über die Unsitte des Wacholderbeeren-Kauens beschwerte.

Sauerkraut, das war Winter – wie die langen, handgestrickten Wollstrümpfe oder die Strick-Pullover, die am Hals scheuerten, wie die Woll-Fäustlinge oder der Davoser-Schlitten und die tief verschneite, steile Schlittelbahn hoch oben am Dorf oder die Eisblumen am Schlafzimmerfenster.

Universum Sauerkraut

Sauerkraut stellte früher praktisch in jedem Haushalt eine unverzichtbare Winter-Reserve dar. Ob tatsächlich schon der grosse griechische Arzt und Gelehrte Hippokrates den vergorenen Kohl als Heilmittel bei Verdauungsbeschwerden empfohlen hat, bleibe dahingestellt. Im alten Rom jedenfalls war Sauerkraut ein für das gemeine Volk wichtiges und gewiss auch wohlfeiles und sättigendes Nahrungsmittel. Allerdings wurden die Kohlköpfe damals nicht zerteilt und streifig geschnitten, sondern einzeln eingesalzen, in Tontöpfe gelegt und mit Essig bedeckt.

Von Mineralsalzen, darmfreundlichen Milchsäurebakterien oder den Vital- und Ballaststoffen im Sauerkraut wussten unsere Vorfahren noch kaum etwas. Die Erfahrung hatte sie gelehrt, dass Sauerkraut einen hohen Nähr- und Sättigungswert mitbringt. Sauerkrautwähen, Kartoffel-Sauerkraut-Aufläufe oder Sauerkraut mit Wurstbrät vermengt und, in Tierdärme gefüllt, als Spar-Würste serviert – all das kannte man. Dass später einmal Sauerkraut mit Ananas oder Mandarinenspalten vermengt als Salat angeboten werden, mit Champagner gekocht, als Beilage zu Fisch serviert oder gar zu Eis verarbeitet werden würde, konnte man sich anno damals wohl kaum vorstellen.

Die Herstellung von Sauerkraut gehörte einst zu den vielseitigen Fähigkeiten, die eine tüchtige Hausfrau unbedingt beherrschen musste. Manchmal traf sich auch eine kleine Dorfgemeinschaft, um die Krautköpfe zuzurichten, zu hobeln und einzustampfen. An diese Gemeinschaftsarbeit erinnern im Elsass heute noch die Sauerkrautfeste im Frühherbst, selbst kleine Dörfer laden zur »Fête de la choucroute« ein.

Auch wenn man heute Sauerkraut schon vorgekocht im Plastikbeutel kaufen kann: Zu erleben, wie das rohe Kraut durch entsprechende Behandlung zur Gärung kommt, verwandelt und haltbar gemacht werden kann, ist aller Mühe wert. »Selber machen« bedeutet ja in Beziehung kommen mit einer Sache. Im häuslichen Umfeld vom bloßen Konsumenten zum Hersteller und Erfinder werden und Wertschätzung empfinden. Für das Produkt wie auch für die eigene Leistung.

Rezepte

Sauerkraut nach Art des Hauses

Für einen ersten Versuch mit der Sauerkraut-Manufaktur genügen Einweckgläser, die 2 l aufnehmen können.

- Der Krautkopf wird geviertelt und in Streifen geschnitten.
- 1 kg Krautstreifen werden mit einigen Wacholderbeeren, Kümmel, 80 g Salz und 25 g Zucker vermengt und in einer grossen Schüssel oder auch einem Kunststoffbehälter mit der Faust so lange gestampft und gequetscht, bis das Kraut Wasser zieht und von der Flüssigkeit bedeckt ist.
- Kraut ins Glas oder auch in einen Steinguttopf füllen, Behälter luftdicht verschliessen und während etwa 3 Wochen bei Zimmertemperatur – ideal sind 18 – 20 Grad – gären lassen.

Ist die Temperatur während des Gärungsprozesses zu hoch, steigt der Säuregehalt zu rasch und das Kraut wird schleimig. Nach Ablauf der Gär-Zeit in einem kühlen Raum aufbewahren.

101

Sauerkraut-Bratlinge

Sauerkraut gehörte vor allem in Kriegszeiten zum Notvorrat. Von findigen Hausfrauen und Köchinnen wurde es vielseitig genutzt, verwandelt und nach Möglichkeit veredelt.

500 g rohes Sauerkraut
200 g Graupen (Rollgerste)
1 Ei
200 g rohe, geriebene Kartoffeln
½ l Wasser

- Sauerkraut und Graupen in Wasser gar kochen.
- Wenn das Wasser total eingekocht ist, das Ei und die rohen, geriebenen Kartoffeln zugeben und alles vermengen.
- Plätzchen formen und in der Pfanne braun braten.

Das Leben ist wie Sauerkraut. Wohl dem, der es gut verdaut.

(Volkstümlich)

Sauerkrautnudeln

500 g rohes Sauerkraut
1 Ei
4 gehäufte EL Mehl
Salz
Fett zum Braten

- Das Sauerkraut wird fest ausgedrückt, fein geschnitten und mit Salz, dem Ei und so viel Mehl verknetet, dass ein kompakter Teig entsteht.
- Aus dem Teig eine Rolle formen.
- Davon schneidet man kleine Stücke ab, formt sie zu Nudeln und wirft sie in kochendes Salzwasser. Sie müssen kochen, bis sie obenauf schwimmen.
- Die Nudeln abtropfen lassen, in etwas Fett in der Pfanne rösten, bis sie goldgelb sind.

Variante:

Der Teig kann auch aus Sauerkraut, Mehl, Salz und 250 g gekochten und geriebenen Kartoffeln zubereitet werden.

Unter „Nudeln" sind hier nicht lange Pasta-Streifen, sondern eher fingerdicke Teigstücke zu verstehen.

Wer durch des Argwohns Brille schaut,
sieht Raupen selbst im Sauerkraut.

(Wilhelm Busch)

Variationen in Sauerkraut

Rahm-Sauerkraut: Das gekochte Sauerkraut abseihen und mit leicht geschlagenem Rahm vermengen.

Ananas-Sauerkraut: Vor Beendigung des Kochprozesses dem Kraut würflig geschnittene frische Ananas oder Ananas aus der Dose beigeben.

Sämiges Sauerkraut: Vor dem Kochen eine rohe Kartoffel über das Kraut raffeln.

Wein-Kraut: Sauerkraut sehr gut abtropfen und mit trockenem Weißwein gar kochen. Luxusvariante: Statt Weißwein Champagner verwenden.

Sauerkraut mit Garnitur

Noch immer wird eine Platte voll Sauerkraut gern mit Würsten, Speck oder Tranchen von geräuchertem Schinken bekrönt, aber so viel Überfluss muss nicht sein – das Kraut schmeckt auch in vegetarischen Varianten.

In einer aktuellen Kochshow, die sich martialisch als »Küchenschlacht« bezeichnet, werden die Kandidaten ab und zu angewiesen, aus einem Korb voller Zutaten sozusagen aus dem Stand ein Gericht zu „zaubern". Von Zauberei kann nicht die Rede sein, das überreiche Angebot verlangt in erster Linie nach kluger Wahl und sinnvoller Planung. Wie hoch würde wohl die Publikumsspannung ansteigen, müssten die an der Show Teilnehmenden mit ganz wenigen und ganz bescheidenen Zutaten auskommen und aus dem Beinahe-Nichts ein essbares Etwas zubereiten?

Ein Rezept, das 1943 in Deutschland entstanden ist, zeigt beispielhaft, mit welcher Lebensenergie und welchem Erfindungsreichtum drüben wie hüben die Frauen versuchten, ein paar wenige, spärliche Zutaten in ein nahrhaftes Gericht zu verwandeln und Mangel nach Möglichkeit auszugleichen.

Als Fleischersatz zum Sauerkrautgericht empfiehlt das Rezept aus Kriegstagen:

Grützwurst in der Schüssel

500 g Gerstengrütze
1 ½ l Gemüsebrühe
1 Speckschwarte
50 g Speck
1 Zwiebel
je 1 TL Thymian und Estragon, Muskat und Salz zum würzen

– Speck, Speckschwarte und die kleingeschnittene Zwiebel in der Pfanne anbraten.
– Mit der Brühe – allenfalls nur mit Wasser – aufkochen.
– Speck und Speckschwarte herausnehmen und durch den Fleischwolf drehen.
– Die Gewürze in die Brühe geben, die gewaschene Gerstengrütze einrühren und weich kochen lassen.
– Dann den durchgedrehten Speck und die Schwarte untermischen und die Masse in eine flache, zuvor kalt ausgespülte Schüssel füllen.
– Nach dem Erkalten die Form stürzen, aus dem festen Brei fingerdicke Scheiben schneiden und diese in der Bratpfanne beidseitig knusprig braten.

Suurrüebe (Bodenrüben)

Auch Bodenrüben gehörten insbesondere in ländlichen Gebieten zum Winter-Vorrat. Im Berner Seeland ging es um den folgenden Arbeitsablauf:

– Die Rüben schälen, gut waschen, raspeln, dann lageweise mit Salz in einem Steinguttopf schichten.
– Masse mit einem Tüchlein bedecken und mit einem grossen Stein beschweren, dann so viel Wasser beigeben, dass die Rüben davon bedeckt sind.
– Fünf bis sechs Wochen ziehen lassen. Darauf achten, dass das Gemüse immer mit Flüssigkeit bedeckt bleibt.

Küchen-Episode aus dem »Anker-Haus«

Eine Führung durchs Haus des Malers Albert Anker in der Seeländer-Gemeinde Ins im Kanton Bern ist dann ein besonderes Erlebnis, wenn Ankers Urenkel, der Theologe Matthias Brefin, vom großen Vorfahren und dessen Nachkommen erzählt.

Brefins Großmutter stammte aus dem Elsass und muss eine tüchtige und lebensvolle Frau gewesen sein. Eines Tages vermisste man im Anker-Haus einen kleinen Kinderschuh. So eifrig man auch danach suchte: Das Schühchen war nicht aufzufinden, übrig blieb ein verwaistes und unnützes Einzelstück.

An einem Wintertag sollte es im Anker-Haus zum Mittagessen Sauerkraut geben. Aus dem Kraut-Fass wurde eine grosse Portion geschöpft – und schau mal an – mitten im Sauerkraut kam der Kinder-Schuh zum Vorschein, den man überall vergeblich gesucht hatte. Die Elsässer-Großmutter prägte dazu einen Spruch, der ebenso witzig wie tiefsinnig ist: »Im Hüs geht nix verlore – und wenn s Schiehele im Süürkrütt lyt«. Im Haus geht nichts verloren, selbst dann nicht, wenn der kleine Schuh im Sauerkraut liegt.

Auch Erinnerungen gehen nicht verloren, selbst dann nicht, wenn sie manchmal von allerlei Gedanken-Krautfetzen überlagert worden und für längere Zeit scheinbar verloren gegangen sind. Und manches, was man im Laufe der Jahre verloren zu haben meint, taucht unvermutet wieder auf. »Was ist die Welt doch klein«, sagt man zuweilen, wenn im Krautfass des Lebens eine Begegnung, mit der man überhaupt nicht mehr gerechnet hat, erneut an die Oberfläche gelangt.

Holunder-
blüten-
Sirup

Wonne des süssen Saftes

Im Sommer wurde Wasser getrunken oder es gab Krüge kalten Tees gegen den Durst. Im Winter dampfte heisser Tee in den Tassen. Selbst der eher herbe Hagebuttentee schmeckte gut, wenn er mit Kandiszucker gesüsst werden durfte, und die noch nicht völlig aufgelösten Kristallstückchen angenehm zwischen den Zähnen knirschten. Ihr Geschmack ähnelte Großmutters „Rahmtäfeli": Butter, Zucker und Rahm wurden aufgekocht und die zähflüssige Masse auf ein rechteckiges Kuchenblech gestrichen. Nach dem Erkalten hätte sich die Rahmtäfeli-Platte auf dem Blech eigentlich ohne Anstrengung in gleichmässig kleine Stücke zerteilen lassen müssen. Die Großmutter ärgerte sich, weil diese Zucker-Platte jedes Mal nur in kantige Splitter zertrümmert werden konnte, deren Form so gar nichts mit hübschen Bonbons zu tun hatten.

Mineralwasser, in dem geheimnisvoll die Kohlensäurebläschen perlten, gab es nur höchst selten, und die Flasche mit der Aufschrift »Sissa« war eine Rarität. Nicht ganz so kostbar, aber dennoch wonnige Überraschungen bot der Inhalt der Sirup-Flaschen, die gleich neben den Konfitüre-Gläsern im Vorratskeller lagerten. Holundersirup, Brombeerensirup oder Goldmelissensirup machten aus einem Glas Wasser einen festlichen Trunk, der nach Sommer und Garten roch.

Und mehr als das: Ein einfacher, weisser Grießbrei-Hügel verwandelte sich im Teller in eine Zauberlandschaft, wenn er mit farbigem Sirup übergossen werden durfte. Während ich den Löffel in den Zauberberg tauchte, konnte ich mir das arme Mädchen aus dem Märchen vorstellen, das von einer alten Frau mit einem Topf beschenkt worden war. Auf den Befehl »Töpfchen, koch!« brodelte im Topf ein nahrhafter Brei – eine Grundnahrung, die wohl mit Gemüse, Kräutern oder Beeren angereichert werden konnte. Kam die Weisung »Töpfchen, steh!«, wurde der Kochvorgang unterbrochen. Ach ja, was für ein Pech, wenn man sich wie die Mutter jenes Mädchens nicht an Anweisungen hält und so ein Töpfchen unaufhaltsam kocht und kocht und kocht…

Das Rätsel, weshalb sich Gutes ins Gegenteil verkehren kann, beschäftigte mich auch dann noch, nachdem mit dem Löffel der letzte Hauch Sirup vom Teller geschabt worden war.

Rezepte
◇◇◇◇◇◇◇◇

Saftquelle Sirup

Ein Vorrat von zu Sirup eingekochten Beeren- oder Kräutersäften sorgte früher in der früchtearmen und eher eintönigen Winterküche für Farbe, Abwechslung und Vitamine. Sirup kann bei passender Gelegenheit mit einem kleinen Schuss Kirsch aromatisiert werde – wie er denn heute von Barkeepern manchmal einem eleganten Drink beigemischt wird.

Wollte man die Zutaten berechnen und den Arbeitsaufwand abschätzen: Die private Herstellung von Sirup würde sich keinesfalls lohnen. Aber hat nicht der köstliche Saft im Vorratsschrank ähnliche Qualität wie ein seltener Wein, den man mit entsprechendem Respekt und beinahe andachtsvoll trinkt?

Johannisbeersirup (1854)

- Die Beeren werden abgezupft, etwas zerdrückt und an die Wärme gestellt, bis der Saft sich aus den Beeren gelöst hat.
- Zu 1 Mass nimm man 3 Pfund Zucker.
- Zuerst kocht man den Zucker, bis er Fäden zieht, nachher den Saft noch ein wenig mitkochen und füllt ihn dann in Gläser.

Erdbeersirup

- 1 kg qualitativ erstklassige Erdbeeren mit 1 kg Zucker in einen Topf füllen und das Gefäss in einer grossen Pfanne ins Wasserbad stellen.
- Die Erdbeer-Zucker-Mischung unter häufigem Umrühren 50 Minuten kochen.
- Den Saft abfiltrieren, nochmals erhitzen und in saubere, erwärmte Flaschen mit Patentverschluss füllen. Im Keller aufrecht stehend aufbewahren.

Leute, die den Zucker gegen den Uhrzeiger umrühren,
erreichen im Leben fast alles.
(Sprichwort)

Weichselkirschensirup

- 2 kg entsteinte Weichselkirschen mit 2 kg Zucker vermischen, das Gemisch über Nacht ziehen lassen.
- Anderntags mit 1 l Wasser unter ständigem Umrühren und häufigem Abschäumen etwa 10 Minuten kochen.
- Masse abseihen, die Flüssigkeit in vorgewärmte, gut verschliessbare Flaschen mit weitem Hals einfüllen.

Mit Geduld macht man auch aus unreifen Trauben Sirup.
(Sprichwort)

Quittensirup

- 1 ½ kg voll reife Quitten waschen und in möglichst kleine Stücke schneiden.
- In eine Kasserolle füllen und 2,5 l Wasser dazugiessen. Dreiviertelstunden kochen lassen.
- Ein Salatsieb mit einem Tuch auslegen. Sieb in eine tiefe Schüssel stellen. Die Quittenmasse ins Sieb leeren , das Mus völlig abtropfen lassen, indem es leicht gepresst wird.
- Der Flüssigkeit 2 Gewürznelken und den Saft von 4 Zitronen beigeben und sie über Nacht zugedeckt stehen lassen.
- Anderntags mit 1 kg Zucker kurz aufkochen und beim ersten Aufwallen vom Feuer nehmen.
- Den Sirup abseihen und nach dem Erkalten in heiss ausgespülte Flaschen füllen.

Pures Glück ist wie purer Sirup: Zu stark, zu klebrig und zu süss.

(Brigitte Fuchs)

Goldmelissensirup

1 Suppenteller Goldmelissenblüten
2 l Wasser
pro Liter Saft 1 kg Zucker
20 g Zitronensäure

- Goldmelissenblätter mit kochendem Wasser übergiessen.
- 1–2 Tage ziehen lassen, dann abseihen.
- Auf 1 l Saft 1 kg Zucker und 20 g Zitronensäure geben.
- Kurz aufkochen und noch heiss in gut verschliessbare Flaschen füllen. Flaschen liegend aufbewahren.

Goldmelissensirup ist nicht nur wohlschmeckend, sondern wirkt auch leicht nerven- und magennervenberuhigend.

Feste sind Atempausen

Als Nikolaus mit Frau Bühlers Stimme sprach

Wochenlang fieberte ich dem Besuch des Nikolaus, des »Santiglaus«, entgegen. Die Großmutter hatte mir von diesem Mann mit dem wohlklingenden Namen Nikolaus erzählt, der vor langer, langer Zeit seine Stadt vor einer schlimmen Hungersnot bewahrt und mit seinem eigenen Geld für den Kauf von Brotgetreide gesorgt hatte. Und da gab es auch noch die wunderbare Geschichte von drei jungen, aber mausarmen und todunglücklichen Mädchen, die von ihrem Vater wie eine Ware verkauft werden sollten. Nikolaus hörte von dieser üblen Geschichte, warf den Mädchen während der Nacht drei Goldkugeln ins Schlafzimmer – der Vater bekam für das Gold viel Geld, konnte Nahrung kaufen und die Miete bezahlen. Und die Mädchen waren gerettet.

Der Nikolaus war wohl unsterblich. Wie sonst hätte er immer noch unterwegs sein und Kinder besuchen können, obwohl doch seit jenen Wundertaten unendlich viel Zeit vergangen war? Vor dem Nikolaus müsse man sich nicht fürchten, hatte die Großmutter erklärt. Aber der weise Mann wisse sehr wohl, was man das Jahr über falsch gemacht oder verheimlicht hatte, und er stelle bei seinem Besuch jedes Mädchen und jeden Buben zur Rede. Ich überlegte: Wusste der Nikolaus tatsächlich, dass ich entgegen der strengen großelterlichen Weisung das Schlafzimmerfenster während der Nacht nicht schloss, sondern so weit geöffnet liess, dass die Hauskatze am Spalierbaum an der Hauswand emporklettern, ins Zimmer schleichen und zu mir ins warme Bett schlüpfen konnte? Wusste der Nikolaus etwa auch, dass ich oft im Traum von einem bösen Mann verfolgt wurde, auf der Flucht die Treppen eines hohen Turms hoch rennen und mich dann vom höchsten Punkt aus in die Tiefe eines grässlichen Abgrunds stürzen musste? Wie konnte der Nikolaus einfach alles wissen? Ich kannte den Spruch »Wo ich bin und was ich tu, sieht mir Gott, mein Vater, zu« – reichte es denn nicht, dass Gott überall war und alles sah und wusste? Weshalb wurde man zusätzlich vom Nikolaus kontrolliert – der wohl beobachtet hatte, dass ich vor kurzem eine meiner kleinen Freundinnen in den Oberarm gebissen hatte? Er würde wohl nicht verstehen können, dass ich neidisch und zornig war, weil Nachbars Ruthli unentwegt um sich selber kreiste, um zu zeigen, wie schön die Falten ihres Plissé-Röckchens aufflogen? Eines Schotten-Jupes, wie ich ihn niemals würde mein eigen nennen können.

Am Abend des 6. Dezember schepperte vor der Haustüre eine Glocke, die Großmutter öffnete, und polternd und brummend stapfte der Santiglaus in die Wohnstube. Weil ich brav mein Liedchen »Im Schwarzwald stoht e Hüsli« gesungen und erst noch ein kleines Gedicht fehlerfrei aufgesagt hatte, zeigte sich der Santiglaus erfreut. Die nächtlichen Besuche der Katze wurden nicht erwähnt, auch der Oberarm-Biss nicht. Ich wurde nur ermahnt, folgsam zu sein, weniger zu widersprechen und meinen Großeltern keinen Ärger zu machen. Aus einem großen Jutesack zog der Nikolaus einen kleinen Sack, den er mir überreichte und in dem man schon vor dem Öffnen eine Orange und Erdnüsschen ertasten konnte. Die Großeltern begleiteten den Nikolaus nach draußen, er hatte seufzend verkündet, dass er noch sehr viele andere Kinder zu besuchen habe und sich deshalb gleich wieder auf den Weg machen müsse.

Ich blieb in der Wohnstube sitzen, halb froh, halb unglücklich. Als die Großmutter wieder ins Zimmer kam, sagte ich: «Der Nikolaus hat die gleiche Stimme wie Frau Bühler, unsere Nachbarin« – und unvermittelt liefen mir die Tränen übers Gesicht. Die Großmutter war betrübt und versuchte zu erklären, dass tatsächlich Frau Bühler die Rolle des Nikolaus übernommen hatte – im Andenken an den echten Nikolaus mit den drei Goldkugeln. Ich weinte, weil etwas Wichtiges verloren gegangen war – aber was genau?

Ein Jahr danach erinnerte ich mich wieder an den Niklaus mit der Frau Bühler-Stimme. Der 6. Dezember war nun ein Tag wie jeder andere, da war nichts, auf das man sich hätte freuen können. Nach dem Mittagessen riet mir die Großmutter , ich solle doch einen meiner langen Wollstrümpfe an den Draht hängen, der draußen in der Laube beim Hauseingang ausgespannt war. »Man kann nicht wissen, ob nicht doch ein Nikolaus zum Haus kommt«, meinte sie lächelnd. Als ich vor dem Zubettgehen auf die Laube hinausschlich, hing der Strumpf mit Wäscheklammern festgezurrt am Draht, prall gefüllt mit Dörrbirnen, Äpfeln, Nüssen, Lebküchlein und Bonbons. Ich fühlte, wie Freude und Dankbarkeit bis zum Hals in mir hochstiegen: Die Liebe der Großmutter hatte dafür gesorgt, dass der Nikolaustag abermals zu einem ganz besonderen Tag geworden war, zu einem Tag, an den ich mich lebenslang würde erinnern können. Dieser Dezembertag hatte seinen Zauber zurückbekommen, er war zum Festtag geworden. Nikolaus lebte, auch wenn er behelfsweise die Stimme von Frau Bühler annehmen oder mit Großmutters Herz und Händen tätig sein musste.

Nikolaus lebte immer dort, wo man Güte und überraschende Großzügigkeit erfahren durfte.

Vom Bedürfnis nach Gemeinschaft

Was ist ein Fest, was macht es mit uns? Als Orientierungshilfe kann dienen, was ein Volkskundler vor rund 40 Jahren zum Thema Volksbräuche formuliert hat: »Brauchmäßiges Verhalten und Tun ist immer an eine Gemeinschaft gebunden, und umgekehrt ist die Gemeinschaft durch die Gemeinsamkeit ihrer Bräuche gebunden.«

Die Gemeinsamkeit von Bräuchen im Sinne von vorgegebenen Verhaltensweisen oder Handlungsabläufen lässt sich in aktualisierten Formen sogar in Fussball-Stadien oder bei Demonstrationen feststellen – dann jedenfalls, wenn weder Gewalt noch Zerstörungswut dominieren und Gemeinsamkeit nicht in Brutalität pervertiert. Wenn der Manager und der Busfahrer mit der gleichen Begeisterung ihre Mannschaft mit Schlachtrufen anfeuern, oder wenn bei einem Open-Air-Konzert Junge und Alte im gleichen Rhythmus die Arme schwenken und der Eindruck entsteht, ein imaginärer Wind zwinge ein Ährenfeld aus unzähligen Händen in Bewegung: Es kann ein Gefühl von Gemeinschaft aufkommen.

Das Bedürfnis nach gemeinschaftlichem Handeln bringt sich in verschiedensten Ausdrucksformen zur Geltung. Ob wohl schon untersucht worden ist, wann zum ersten Mal am Ort, an dem sich Unheilvolles oder ein Unfall ereignet hat, Blumen niedergelegt und Kerzen entzündet worden sind? Nicht etwa an einem Grab oder einer offiziellen Gedenkstätte, sondern an einem Straßenrand, vor einem Haus oder einem öffentlichen Bauwerk? Die Berge von Blumen manifestieren den Wunsch nach Gemeinschaft und nach einem gemeinsamen Bewältigungsmechanismus. Was in seiner Tragik oder Grausamkeit nur teilweise oder überhaupt nicht verstanden werden oder bewältigt werden kann, sucht nach Zeichen, die entweder Trauer und kollektives Mitgefühl oder auch eine gemeinsame Empörungsbereitschaft zur Darstellung bringen.

Alles im Fluss

Zumindest in Städten und im städtischen Umfeld scheinen junge Leute von heute wenig Lust auf traditionelles Brauchtum zu verspüren.

Vor Jahrzehnten, als sich noch niemand vorstellen konnte, dass der Samstag einmal zum arbeitsfreien Tag erklärt werden würde, hatten Festtage und die Tage, denen ein bestimmter Brauch das Gepräge gab, ihren Ausnahmecharakter und ihr Alleinstellungsmerkmal. Sie waren Glanzpunkte in einem meist anstrengenden Arbeitsleben, ein Goldklümpchen im graubraunen Sand des Alltags. Wer trägt heute noch »Sonntagsschuhe«, wer einen besonders schönen Hut, der nur an Festtagen aufgesetzt wird? Der Arbeitstag kann heute nahtlos in eine Party übergehen, der Sonntag kann zum Pyjama-Tag mutieren, an dem man sich gar nicht erst ankleidet, sondern im Gewand der Nacht genüsslich faulenzt. Die »Saure Wochen – Frohe Feste« – Trennung ist durchlässig geworden.

Sind bestimmte Festtage und überlieferte Bräuche auf der Müllhalde der Zeit gelandet und existieren sie nur noch in Volkskunde-Archiven? Alles ist im Fluss, alles verändert sich, muss sich verändern. Heißt dies, dass viele überlieferte Handlungsweisen und Traditionen keine Zukunft haben?

Zum Thema Zukunft hat ein kluger Mann in einer Zeitungs-Kolumne geschrieben: »Meine Kinder wollen aber eine Zukunft, sprich, sie brauchen die Chance, zu verändern, was mir lieb ist und mir teuer war.«

Aus Altem kann etwas Neues und sinnvoll Gemeinschaftsstiftendes entstehen – selbst im Zuge der Digitalisierung. Was lieb ist und teuer war, darf aber auch gepflegt und erhalten werden. Nicht verbissen oder stur oder in Nostalgie-Beton gegossen. Aber im Bewusstsein, dass wir alle Wurzeln und Flügel brauchen. Wurzeln, die uns Halt geben. Feste und Traditionen gehören zum Wurzelwerk.

Auch Packpapier ist Weihnacht

Vor Zeiten wurde man noch nicht zugemüllt von Werbeprospekten, Flyern und fettleibigen Katalogen. Und hätte solch ein Katalog schon im Oktober Weihnachtsdekorationen und Christbaumschmuck angepriesen – man hätte die zuständige Firma für verrückt gehalten und als nicht mehr geschäftsfähig erklärt.

Anfang Dezember brachte der Postbote den Franz Carl-Weber Spielzeug-Katalog ins Haus. Stundenlang vertiefte ich mich in die bunte Bilderwelt. Die Vielfalt der Eindrücke dieses Spielzeugparadieses war nahe bei den Träumereien des kleinen Mädchens angesiedelt, das sich im Märchen von »Nussknacker« in wundersame Phantasiewelten entführen lässt. Zwar ahnte ich dass wohl keines dieser verlockenden Katalog-Angebote an Weihnachten auf dem Gabentisch liegen würde – aber wünschen durfte man sich alles, und das war schön. Ich wusste auch ganz genau, dass die Erfüllung eines Wunsches nicht immer zur gleichen Zeit auch das höchste Glück bedeutet. Zu gut erinnerte ich mich, wie ich an der Hand des Großvaters der Stadt und der Basler Herbstmesse zugestrebt war – »nein, wir nehmen nicht das Tram, wir gehen zu Fuß, du hast noch junge Beine und von denen sollst du auch Gebrauch machen. Das Tramgeld können wir uns sparen.«

Als sich der alte Mann und das Kind dem weit ausladenden Platz näherten, auf dem alle die Buden mit den bunten, flimmernden Lichtern und die Schausteller-Attraktionen aufgebaut worden waren und als uns schon die Jahrmarktmusik entgegen scheppperte, verspürte ich ganz plötzlich einen stechenden Schmerz in der Herzgegend. Völlig unerwartet stand der Gedanke vor mir: So einzigartig schön und wunderbar, wie ich mir das vorgestellt und ausgemalt hatte, konnte die Herbstmesse gar nicht sein. Aber weshalb war das so? Die Runden auf dem Riesenrad und das Gefühl der Erdenferne waren ein Erlebnis, und der kringelbunte »Mässmogge«, der Lutschstengel mit seinem schokoladeweichen Innenleben war köstlich. Aber in meinem innerstem Innern hatte sich ein Hauch Wehmut niedergelassen. Ein Stäubchen Trauer, das sich nicht fortblasen lassen wollte.

Am 24. Dezember, am Heiligen Abend, liess die Großmutter ein Glöckchen erklingen. Ich schnellte von der Küchenbank hoch und rannte ins Wohnzimmer: Der Baum mit seinen Kerzen, den bunten Kugeln und den silberglänzenden Lametta-Fäden – jedes Jahr neu ein Weihnachtswunder! Der Abend nahm den immer gleichen Verlauf: Großvater las aus der alten Familienbibel die Weihnachtsgeschichte vor, man sang gemeinsam Weihnachtslieder. Und alle Jahre wieder verkündete die Großmutter, dass weihnachtliches Geschenkpapier völlig überflüssig sei, und dass sie deshalb die Geschenke in Packpapier gehüllt habe, das man später wieder verwenden konnte. Ich hatte bei Nachbarn gesehen, wie festlich man Geschenke verpacken konnte: Mit hauchfeinem Seidenpapier in bunten Farben, mit Geschenkpapier, das von Sternen übersät oder mit Weihnachtsszenen bedruckt war. Großmutters öd-graubraunes Packpapier, das war ein Unterschied wie Tag und Nacht. Als ich aber in einer mit diesem ordinären Packpapier eingeschlagenen Schachtel neue Kleidchen für meine Anneli-Puppe fand, war ich glücklich. Meine Großmutter, diese unentwegt hart arbeitende Frau, hatte die Puppenkleider selbst genäht und die Wollmütze und das kleine Halstuch selbst gestrickt. Das war wichtig, nicht das Papier. Später, nachdem ich lesen gelernt hatte, boten Bücher eine Weihnachtsfreude, die das ganze Jahr über von Dauer war. Der Joggeli, der Birnen schütteln sollte, aber »Birli wei nid falle«, die Birnen wollten nicht vom Baum fallen. Das Heidi, das Gritli, die Turnachkinder und viele andere Kinderbuchfiguren wurden zu Begleitern.

Als ich im ersten Schuljahr an einem Regentag dem Primarschulhaus zustrebte, füllte sich der Rinnstein neben dem Gehsteig mit Wasser. Auf der Wasseroberfläche bewegte sich ein grosses, leicht nach oben gebogenes Blatt, das sich manchmal treiben liess, dann wieder stehen blieb, um sich einen Augenblick später erneut in Bewegung zu setzen. Ich schaute dem Blatt fasziniert zu, es wurde mir zum Segelboot, das sich auf einem Weltmeer bewegte und einem unbekannten Ziel entgegenglitt.

Nach einiger Zeit schreckte ich hoch – o nein, die Schule, man musste doch pünktlich sein. Ich rannte zum Schulhaus, keuchte die Treppe hoch, klopfte tief beschämt an die Türe des Klassenzimmers.

Die Lehrerin, das Fräulein Graf, schalt und mahnte – und die Buben und Mädchen in den Schulbänken grinsten oder lachten hämisch, weil ich nicht erklären konnte, weshalb ich mich verspätet hatte und nur etwas von einem Blatt stotterte. Ich schämte sich abgrundtief und mir es tat leid, dass es die liebe und verehrte Lehrerin enttäuscht hatte. Aber gleichzeitig spürte ich ganz deutlich, dass ich nichts Unrechtes getan hatte. Das Blatt im Rinnstein war wichtig, es zu beobachten war richtig gewesen. Zum Weg des Blattes hätte man eine Geschichte erfinden und das Blatt sprechen lassen können. Das Blatt hatte eine Stimme, man musste nur genau hinhören. Aber das alles konnte ich nicht erklären. Obwohl das Fräulein Graf vielleicht Verständnis gehabt hätte für das Blatt auf seiner Rinnstein-Fahrt. Aber das ahnte ich erst, nachdem mir die Lehrerin in der zweiten Primarklasse mit zierlicher Schrift einen seltsamen Vers ins Poesiealbum geschrieben hatte. »Tu nicht, was andre tun, der andern sind so viel. Du kommst nur in ein Spiel, das nimmermehr wird ruh'n.«

Advent ist Advent ist Advent

Eine während vieler Jahre beliebte Münchner Fernsehmoderatorin erwähnte einmal, dass während langer Zeit jeweils einige Tage vor Weihnacht ein Raum in ihrem Haus zum Weihnachtszimmer erklärt worden sei. Die beiden kleinen Söhne wussten, dass dieses Zimmer erst am Heiligen Abend mit der ganzen Familie wieder betreten werden durfte. Um diesen geheimnisvollen Ausnahmezustand zu betonen, schmückte die Frau des Hauses jeweils die Türklinke zum Zimmer mit schimmerndem Engelshaar. Die Jahre vergingen, die beiden Söhne wurden erwachsen, studierten im Ausland. Zu Weihnachten würden sie nach Hause kommen, »wir wollten feiern wie immer«, erzählte die Frau, »aber auf kindlichen Schnickschnack wie das Engelshaar wollte ich nun verzichten, die Buben waren ja nun Männer geworden.« Der ältere der beiden Söhne kam als erster am 23. Dezember zu Hause an –»was ist denn da los, weshalb hängt an der Türklinke zum Weihnachtszimmer kein Engelshaar?«, räsonierte der junge Mann. Die Macht der Gewohnheit kann lähmen, die Macht des Gewohnten und Vertrauten dagegen kann kostbar sein.

Der Spruch »Advent, Advent, die Mutter rennt« ist altbekannt. Umso bemerkenswerter, dass inzwischen neues, Gemeinsamkeit stiftendes Weihnachts-»Brauchtum« entstanden ist, oder dass sich verschiedene Gepflogenheiten so verändert haben, dass Mütter und andere liebenswerte Individuen nicht mehr allzu sehr ausser Atem kommen. Wer hätte sich vor wenigen Jahrzehnten vorstellen können, dass in verschiedenen Gemeinden 24 Familien ihr individuelles Adventsfenster gestalten, das man sich anschauen darf und bei dem man mit anderen Leuten ins Gespräch kommt? Dass statt eines mehrteilig-aufwändigen Festessens das »Fondue chinoise« an Weihnacht oder Neujahr als eine Art Schweizer Festtags-Landesgericht gelten würde – wer hätte das gedacht?

Kleine Grüsse erhalten die Freundschaft

Jedermann hat das Recht, zur Weihnachts-Stresszone auf Distanz zu gehen. Hier eine Anregung, wie man trotzdem Freude bereiten kann: In einem kleinen oder mittelgrossen Kuvert wird zu jedem Adventssonntag ein Gruss und ein Mini-Geschenk verschickt. Zwei ausnehmend schöne Kunstpostkarten, ein paar Weihnachts-Briefmarken, ein flaches Notizheftchen, ein Kuchenrezept, ein Duft-Sachet, Kleber mit Weihnachtssujets, Kreuzworträtsel, ein besonders schöner Aphorismus oder ein Gedicht…, wenig, aber wirklich von Herzen kommend und problemlos zu versenden. Kleine, liebenswürdige und sorgfältig ausgewählte Adventsgrüsse sind für den Schenkenden wie auch den Beschenkten mit weniger Aufwand verbunden als die Jagd nach aufwändigen Geschenken. Und die Freude summiert sich von Woche zu Woche.

Festgebäck, früh verschenkt

Gute Idee: Einen Lebkuchen, ein Früchtebrot oder eine haltbare Sorte Konfekt in aller Ruhe Ende November backen und zum 1. Advent verschenken – bevor es aus allen Himmelsrichtungen Weihnachtsplätzchen schneit und die Beschenkten sich zweifelnd fragen, ob sie den süssen Vorrat wohl bis zu Ostern würden bewältigen können.

Rezepte
◇◇◇◇◇◇◇◇◇

Berner Haselnussleckerli

350 g geriebene Haselnüsse
350 g geschälte, geriebene Mandeln
500 g Zucker
100 fein geschnittenes Orangeat
1 TL Zimtpulver
Geriebene Schale einer Bio-Zitrone,
2 EL Aprikosenkonfitüre
4 leicht geschlagene Eiweiss

- Alle Zutaten sorgfältig miteinander vermengen und verkneten. Den Teig etwa eine Stunde ruhen lassen, dann auf einer dichten Schicht Zucker 1 cm hoch auswallen.
- Mit einer Ausstechform – am besten eignen sich Sterne oder Herzen – die Leckerli ausstechen und satt nebeneinander auf einem mit Butter bestrichenen oder mit einem Backpapier ausgelegten Blech legen. Einige Stunden trocknen lassen, dann bei schwacher Hitze 20–30 Minuten backen.

Falls man grosse Ausstechformen verwenden möchte, kann es sein, dass die Gutzi nach der ersten Backrunde noch zu feucht sind. In diesem Fall nochmals einige Zeit trocknen lassen und schliesslich ein zweites Mal etwa 10 Minuten bei schwacher Hitze in den Backofen geben. Ein leichter Druck mit dem Zeigefinger zeigt an, ob die Leckerli zwar trocken, aber innerlich immer noch angenehm weich sind.

Die Berner Leckerli können nach Belieben mit einer Zuckerglasur bestrichen werden. Aber auch ohne Glasur sind sie gehaltvoll und trocknen nicht so rasch aus wie manch anderes Weihnachtsgebäck.

Geduldsdäfeli/Geduld-Bonbons

Ein altes Basler Rezept, das möglicherweise seinen Namen dem relativ heiklen Herstellungsverfahren verdankt. Geduldsdäfeli, zusammen mit einem guten Wunsch für Geduld und Zuversicht: Eine hübsche Weihnachts-Geste.

5 Eiweiss
280 g Zucker
1 TL Bergamotte-Öl (Apotheke)
220 g Mehl

- Eiweiss zu steifem Schnee schlagen, mit dem Öl und dem Zucker vermischen und dann sorgfältig das Mehl darunterziehen. Mit einem Kaffeelöffel sehr kleine Häufchen auf ein mit Butter bestrichenes und mit Mehl bestäubtes Blech setzen und über Nacht trocknen lassen. Anderntags bei schwacher Hitze etwa 15 Minuten backen.

Anmerkung: Das Bergamotte-Öl hat einen ausgeprägten Geruch. Wer den nicht mag, verwendet ein erstklassiges, aber neutrales Speiseöl – oder macht einen Versuch mit Sesamöl.

Heisser Wein darf es sein

An einer kleinen vorweihnächtlichen Einladung passt ein heisser Wein nach einem alten Rezept aus dem Kanton Wallis genauso gut zu Käseschnittchen wie zu den ersten Weihnachtskonfekt-Proben. Mit Apfelsaft lässt sich auch eine alkoholfreie Variante herstellen.

– 2 Liter guter, eher blumiger Weisswein wird in einer Kasserolle mit 3 Gewürznelken, einem Stück Zimtstange und einer dünn abgeschälten Bio-Zitronenschale erhitzt (aber nicht gekocht). Zugedeckt etwas ziehen lassen und den Wein nach Belieben wenig oder mehr zuckern. Das Getränk in einen vorgewärmten Krug sieben.

Variante nach Freiburger-Art:
– In 1 l kochenden Wasser 350 g Kandiszucker auflösen, ½ l guten Weisswein zugeben. In dieser Flüssigkeit 1 TL Schwarztee, 1 winzige Prise Safran, 2 Gewürznelken und ein Stückchen Zimtstängel ein paar Minuten zugedeckt ziehen lassen. In vorgewärmten Krug sieben.

Advents-Tee statt »Tisch-Chrachete«

Es macht Spass, all die Rezepte studieren, die in den Wochen vor Weihnacht auf einen zu flattern, und die Planung eines Weihnachtsessens macht Freude. Aber es muss nicht immer das geboten werden, was im Berner Dialekt zumindest früher »Tisch-Chrachete« genannt wurde – der Tisch muss nicht unter Ächzen zusammenbrechen, weil er zu schwer beladen worden ist. Eine Einladung zu einem reich bestückten Tee nach dem englischen Vorbild des High-Tea oder eine Apéro-Einladung sind festliche Alternativen, die sowohl das Budget als auch die Nerven entlasten und die Stresszone grossräumig umfahren.

Baum-Bringfest

Ein schönes Erlebnis ist es, wenn man im Wald seiner Wohngemeinde einen Weihnachtsbaum auswählen darf, der dann vom Förster abgeschnitten wird oder den man selbst schlagen kann. Aber auch wenn der Baum an irgendeiner günstig gelegenen Verkaufsstelle erworben wird: Das Ritual des Baum-Transports und seiner vorläufigen Platzierung im Garten oder auf dem Balkon kann zum kleinen Fest gestaltet werden.

Bündnerfleisch und Brot, Käse und Brot, Zopf mit Butter, Honig und Konfitüre, dazu Tee, Kaffee oder eine heisse Schokolade – alles geht, alles passt zum kleinen festlichen Ereignis.

Weihnachts-Suppe

Im Salzburgerland kennt man die »Metten-Suppe«: Nach dem Besuch der Mitternachtsmesse, der Christmette am Heiligen Abend, setzt man sich im Familien und Freundeskreis zu einer kräftigen Suppen-Mahlzeit zusammen. Diesen schönen, alten Brauch kann man selbstverständlich abwandeln und beispielsweise zu einer Weihnachts-, einer Stephanstag-Suppe oder einer Silvester-Suppe einladen. Als Festtagssuppe eignet sich jede Art von gehaltvoller Suppe, so etwa Gerstensuppe, Kartoffelsuppe, Gulaschsuppe oder eine sättigende Minestrone.

Minestrone monastico (6–8 Portionen)

Das Rezept wurde aufgezeichnet von Bruder Victor-Antoine, der in einem Benediktinerkloster in der Nähe von Millbrook/New York lebt.

2 l Wasser
4 Karotten
1 Tasse getrocknete weisse Bohnen
4 Kartoffeln
1 Tasse (tiefgekühlte) grüne Bohnen
2 mittelgrosse Knollensellerie
3 Zwiebeln
150 ml Olivenöl
240 ml trockener Weisswein
1 Tasse Maccaroni
Estragon, fein gehackt
Salz und Pfeffer
geriebener Parmesankäse

– Gemüse waschen. Karotten, Kartoffeln, Sellerie und Zwiebeln schälen und in kleine Würfel schneiden.
– Außer den Zwiebeln alles im Wasser in einem grossen Topf bei mittlerer Hitze während einer Stunde langsam garen lassen.
– Die Zwiebeln in 30 ml Olivenöl in einer Bratpfanne dämpfen, bis sie goldgelb sind, beiseite stellen.
– Der Suppe nun die Zwiebeln, den Wein und Olivenöl (nach Maßgabe, bis max. 120 ml) zufügen.
– Maccaroni, Estragon, Salz und Pfeffer beigeben, weitere 15 Minuten kochen lassen. Topf bedecken, die Suppe noch 10 Minuten köcheln lassen.
– Die Kloster-Minestrone mit geriebenem Parmesan servieren.

Baum-Abschied

In manchen Gemeinden hat sich ein neuer Brauch herausgebildet. Die Bewohner einer Straße, eines Quartiers oder auch eine größere Dorfgemeinschaft tun sich zusammen, um sich von den Weihnachtsbäumen zu verabschieden. Die dürr gewordenen Bäume werden aufgeschichtet, vielleicht rufen ein paar Kinder den

Bäumen ein Adieu zu – der Holzstoß wird angezündet, die Bäume gehen den Weg alles Irdischen und werden zu Asche. In der Glut werden vielleicht an langen Stecken aufgespießte Würste gebraten, oder man setzt sich zu einem Imbiss zusammen und genießt eine unkomplizierte Form von Gemeinschaft.

Thomas und die Wintersonnenwende

In manchen Familien herrscht Jahr für Jahr so etwas wie Planungsnotstand: Wo feiert man am Weihnachtstag mit wem und wie kann man sich so arrangieren, dass niemand beleidigt ist oder sich zurückversetzt fühlt?

Die Weihnachtsfeiertage bieten Gelegenheit zu heilsamen Entflechtungen: Man kann und darf auch vor oder nach dem 24./25. Dezember beisammen sein und feiern.

Der 21. Dezember, der kürzeste Tag des Jahres, ist dem Jesus-Jünger Thomas zugeordnet. »Ab dem Thomastag wächst der Tag um einen Hahnenschrei«, sagt eine volkstümliche Wetterregel. Die Dunkelheit wird dem hellen Tag weichen – sehr langsam, aber sicher. Ein gutes Datum, um dankbar zu sein und zu feiern.

Verlängerte Weihnacht

Der Stephanstag am 26. Dezember – dem ersten christlichen Märtyrer gewidmet – ist in manchen Gegenden ein Feiertag. Im alten kirchlichen Festkalender hat auch der 27. Dezember eine besonders schöne Bedeutung. Noch vor wenigen Jahrzehnten wurde in katholischen Gegenden an diesem Tag der Wein gesegnet, den die Gläubigen in die Kirche mitgebracht hatten. Dieser Wein, auch »Johannesminne« genannt, wurde im Gedenken an den Evangelisten Johannes geweiht – an den Jünger, der Jesus besonders nahe gestanden haben soll. Der Johannesminne-Wein galt als heilkräftig, als eine Art Medizin. An manchen Orten wurde am 27. Dezember in der Kirche gesegneter Wein herumgereicht, so dass alle Anwesenden einen Schluck zu sich nehmen konnten.

Selbstverständlich soll altes kirchliches Brauchtum nicht banalisiert und herabgewürdigt werden. Dennoch böte ein Zusammensein am 27. Dezember mit einer kleinen Mahlzeit und mit oder ohne einen guten Rotwein eine schöne Gelegenheit, sich in »Minne« und ohne Termindruck zu begegnen. »Zuwendung macht stark«, sagt der Theologe Josef Imbach. Wie recht er doch hat.

≪ 4.3 ≫

Braunes Ei und grüner Donnerstag

Die Osterzeit begann für mich schon am ersten Tag der Basler Fasnacht. Zwar wohnten die Großeltern auf dem Land, aber manches, was in der nahen Stadt Brauch war, hatte auch in den Landgemeinden Bedeutung.

So gehörte es sich, dass am Fasnachtsmontag zum Mittagessen auch dann Mehlsuppe und Zwiebelwähe auf den Tisch kamen, wenn man nicht um 04 Uhr am traditionellen »Morgestreich« teilgenommen hatte, zu dem als kräftiger Imbiss unabdingbar »Ziebelewäje« und »Mählsuppe« gehören. Rüstete die Großmutter die Zwiebeln für die riesige Fasnachts-Wähe zu, zog sie die Zwiebelschalen mit grosser Sorgfalt ab und legte dann die hellbraunen Gebilde in einen kleinen Leinensack. Mit diesen Zwiebelschalen, so erklärte sie mir, bekämen später die Ostereier eine hübsche, hell- oder dunkelbraune Farbe. Ich musste nie über den Osterhasen nachdenken, der offenbar wie ein Huhn Eier legen konnte, um danach den Pinsel in die Hasenpfote zu nehmen und die selbst produzierten Eier auch noch zu bemalen. Ins Bilderbuch »Die Häschenschule« konnte ich mich immer neu vertiefen, und über die Autoritätsfigur des Hasenlehrers mit seinem freundlich vorgewölbten Bauch und der Brille auf seiner breiten Nase konnte ich immer neu lachen. Am Eier-Osterhasen dagegen war ich nicht interessiert, denn da war ja die Sache mit den Zwiebelschalen, die vom Fasnachtsmontag an bis zur Osterwoche gesammelt wurden.

Der Donnerstag vor Ostern hatte die Farbe grün. Er hiess ja auch »Gründonnerstag«. Zum Mittagessen gab es eine Suppe mit viel Suppengrün und danach Spinat. Die fein geschnittenen Frühlingskräuter und ganz besonders die zarten Blättchen vom Löwenzahn oder vom Hirtentäschel hatten einen angenehmen, leicht bitteren Geschmack – aber der Spinat, der wie eine grüne Pfütze im Teller lag… Wer am Gründonnerstag nichts Grünes esse, bleibe für immer dumm, versicherte der Großvater mit ernster Miene, wenn ich in meinem Teller missmutig mit dem Löffel Vertiefungen in den Spinatbrei drückte. Jahre später erfuhr ich, dass das Grün in diesem vorösterlichen Umfeld mit einer Wortverbiegung des altdeutschen Verbs „greinen" zu tun hatte. Greinen bedeutete weinen, es ging am Gründonnerstag um das bevorstehende Leiden und den Tod Christi.

Der Gründonnerstag war aber auch grün, weil ich im nahen Wäldchen kleine Blätter und Blüten sammeln durfte, die brauchte die Großmutter für den Schmuck der Ostereier. Junge Blättchen von Taubnesseln oder vom Storchenschnabel, Veilchenblütchen, noch winzige Efeublätter oder Blüten vom Buschwindröschen, das man im Dialekt „Hemmliglunggi" nannte – die Auswahl war gross. Am Gründonnerstagabend legte die Großmutter sorgfältig die leicht benetzten Blättchen oder Blüten auf jedes Ei, die Natur-Schablonen wurden mit Faden umwickelt und festgemacht, dann wurde das Ei im Zwiebelschalensud gekocht. Die erkalteten Eier vom Fadenschlag befreien, Auflagen abheben: Jeder deutlich umrissene Abdruck und ebenso der sichtbare Fadenverlauf war ein kleines Erfolgserlebnis – dagegen kam keines der grell gefärbten Eier aus dem Konsumladen auf. Fand ich am Ostermorgen beim Eiersuchen solch ein zartbraunes Ei, dann hatte dieses einen festlichen Schimmer bekommen. Die Großmutter hatte jedes Ei einzeln mit einer Speckschwarte poliert. Das Ei, die Zwiebelschalen, die Kräuter aus dem Wald, der Osterfladen und die Hefeteig-Häschen: All das bedeutete Frühling – selbst dann, wenn am Ostermorgen ein kalter Wind blies und man zum Kirchgang noch den Wintermantel anziehen musste.

Nach Ostern begann beinahe rituell die Zeit der Murmelspiele. „Gluggere", das Fingerfertigkeits- und Glücksspiel mit bunt gestromten Glasmurmeln oder mit den billigeren, einfacheren Murmeln aus Lehm, betrieb ich mit Leidenschaft. Wie die anderen Kinder auch besass ich ein gehäkeltes „Glugger-Säckli", ein Säckchen, in welchem die Murmeln gehortet wurden, die man am Abend jeweils sorgfältig zählte und sortierte.

Zu Ostern hatte ich etwas ganz Außergewöhnliches geschenkt bekommen: Eine große Glasmurmel, in die ein schneeweisses Osterlämmchen eingelassen war. Dieser Osterlämmchen-Glugger: Niemand hatte ein ähnlich seltenes Stück, ich wurde beneidet. Nie sollte dieser Wunder-Glugger beim Spiel eingesetzt werden, der musste für alle Zeiten aufbewahrt bleiben. Bis eines Tages ein Nachbarsjunge ein Spiel mit unerwarteten Chancen anbot: Würde ich ausnahmsweise mit dem Lamm-Murmel spielen und den Herausforderer besiegen, stünden mir als Gewinn gleich 15 extra wertvolle Glasmurmeln und 20 Lehmkugeln zu. Wie sollte man sich da entscheiden? Mir klopfte das Herz bis zum Hals, als ich den Einsatz wagte. Das Spiel ging verloren, die Osterlämmchen-Kostbarkeit verschwand im Stricksäckchen des Triumphators mit Namen Walter, der seine Beute um keinen Preis mehr herausgeben wollte. Ich lief nach Hause und heulte mich bei der Großmutter aus. »Kind, was du da erlebt hast, nennt man Versuchung. Du hast dich von der Gier nach mehr verleiten lassen und bist der Versuchung erlegen.«

Und führe uns nicht in Versuchung: Als das Kind grösser geworden war, erinnerte es sich beim Wort Versuchung jedes Mal geradezu zwanghaft an die geheimnisvoll schimmernde Glaskugel mit dem schneeweißen Osterlämmchen.

Das Ei – Form in Vollendung

In ländlichen Gegenden gibt es wohl noch Kirchgemeinden, in denen am Ostersonntag im Gottesdienst – »Der Stein ist weg, das Grab ist leer, Halleluja« – Ostereier und Gebäck gesegnet werden. Für viele Menschen bedeutet Ostern in Kombination mit dem Ostermontag vor allem Freizeit mit Fernziel Süden. Bei einer Strassenumfrage »Weshalb feiern wir Ostern?« würden vermutlich viele entweder ratlos sein oder mit »Freie Tage und Schoko-Eier« antworten. Das Ei jedoch hat sich als Symbol der Fruchtbarkeit halten können, seine vollkommene Form hat dazu beigetragen, dass es zum frühlingshaften Schmuckelement geworden ist. Der Brauch des Eierschmuckes am Dorfbrunnen, dem Wahrzeichen für das Lebenselement Wasser, ist erhalten geblieben – und der mit bunten Eiern geschmückte Vorgartenstrauch oder der Eier-Strauss im Wohnzimmer bezeugen die Unzerstörbarkeit des kultischen Bezuges zum Ei selbst dann, wenn man sich dessen gar nicht mehr bewusst ist.

Wenn es um Nahrungsmittel geht, ist uns bekanntlich fast alles jederzeit zugänglich. Erdbeeren kann man auch im Dezember kaufen und Spargel, irgendwo in der fernen Welt gezüchtet, findet man in der Feinkostabteilung schon Anfang Januar. Die Vorfreude auf die eine oder andere Spezialität im Jahreslauf ist uns abhanden gekommen, wir haben wohl die Fähigkeit verlernt, in unserer Phantasie einen Geruch oder Geschmack abzurufen.

Wie gut, dass es in der Region Basel wirklich nur von Neujahr bis Ostern das mit Kümmel besetzte Gebäck »Fastenwähen« gibt, und dass auch anderswo der

Osterfladen ein Alleinstellungsmerkmal hat – gleich wie die Biskuit-Osterlämmer oder aus Butter geformten Oster-Schafe. Der Osterfladen soll übrigens die älteste österliche Gebäckform sein und die Sonne symbolisieren, die alle Finsternis überwindet.

Rezepte
◇◇◇◇◇◇◇◇◇

Osterfladen

1 runder Kuchenteig
1 l Milch
2 Päckli Vanillezucker (oder Vanillinzucker)
1 Tasse Hartweizengriess
2 Eier, 4 EL Zucker
1 Tasse dunkle Sultaninen (in warmem Wasser aufgeweicht)

– Milch, Vanillezucker und Griess in der Pfanne aufkochen, gut umrühren und 2–3 Minuten kochen.
– Die Eier, den Zucker und die Sultaninen unterrühren.
– Dann die Masse auf den im Blech ausgelegten Kuchenteig geben, mit Butterflöckchen belegen und den Osterfladen 20–30 Minuten bei 240 Grad backen.

Die Osterfladen variieren je nach Region, so wird der Kuchen etwa mit einem Hefeteig zubereitet, oder man verwendet einen Blätterteig und für die Masse geriebene Mandeln.

Osterbrot

4,8 dl Milch
80 g Hefe
900 g Mehl
70 g Butter
220 g Zucker
2 Eier
1 ½ TL Salz
½ Tasse Rosinen
½ Tasse klein geschnittene kandierte Früchte
1 TL Muskat
1 Ei, leicht geschlagen

- Milch leicht erwärmen, die Hefe darin auflösen, 300 g Mehl dazugeben und gut verrühren.
- Die Butter mit dem Zucker cremig schlagen. 2 Eier zufügen und die Masse kräftig schlagen. Die Milchmischung mit dem Salz und dem restlichen Mehl beifügen.
- Den Teig kneten und an einem warmen Ort bedeckt etwa anderthalb Stunden gehen lassen. Die übrigen Zutaten – außer dem Ei – einarbeiten und den Teig auf einem bemehlten Brett kneten, bis er nicht mehr klebt.
- Den Teig in eine gefettete Schüssel geben, mit Butter einreiben und gehen lassen, bis er sich verdoppelt hat. Nochmals kneten und auf einem Backblech zu zwei Ringen formen (die als Sonnensymbol den Bezug zur Auferstehung schaffen).
- Die Teigringe mit dem geschlagenen Ei leicht bepinseln und abermals gehen lassen, bis sie sich verdoppelt haben.
- Backofen auf 200 Grad vorheizen und die Brotringe 15 Minuten backen. Dann die Temperatur auf 180 Grad reduzieren und weitere 15 Minuten backen.

Das Ei will rollen

An den Osterfeiertagen rollt vor allem der Verkehr – dass das Osterei rollen möchte, ist eher in Vergessenheit geraten. Erhalten hat sich zum Glück der Brauch des „Eiertütschens" oder „Eiertätschen". Zwei Spieler halten je ein Ei in der Hand. Nach Vereinbarung beginnt der Ältere oder der Jüngere das Spiel, es wird »Spitz auf Spitz« das Ei des Gegners angestoßen. Das Ei mit der verletzten Schale muss umgekehrt nochmals hingehalten werden – und wenn »Gupf auf Gupf« auch die Schale am untern Ei-Rund beschädigt worden ist, darf der Gewinner es behalten. Nach alter Überlieferung hat dieses Eierspiel einen religiösen Hintergrund: Die durch den Stoß aufgesprungene Eischale symbolisiert die Auferstehung Christi aus dem Reich des Todes.

Uralt sind die Spiele, bei denen das Ei, dieses Symbol für Fruchtbarkeit und Wiedergeburt, ins Rollen gebracht werden muss. Im Grund geht es um einen urtümlichen Fruchtbarkeitsritus, den man aber ohne weiteres ins Familienbrauchtum aufnehmen kann – zumindest so lange die Kinder Spass daran haben. Jeder lässt sein Ei einen kleinen Hügel hinunterkollern, das am weitesten gerollte Ei hat gewonnen. Die etwas kompliziertere Variante geht so: Man setzt sich mit gespreizten Beinen gegenüber und versucht, mit einem in rollende Bewegung gesetzten Ei das Ei des Partners zu treffen und zu beschädigen. Noch schwieriger wird das Spiel, wenn das Ei durch die gespreizten Beine rückwärts in die Richtung des gegnerischen Eis gekegelt werden muss.

Will der Osterverkehr durchaus nicht rollen, sondern bildet sich Stau, ist Oster-Geduld angesagt. Oder noch besser: Oster-Humor. Vor allem im Elsass war es vor Zeiten Brauch und Sitte, dass der Pfarrer ein paar wirklich gute Witze in seine Predigt einbaute: Das „Osterlachen" der Gemeinde sollte ausdrucksvoll die Freude zur Geltung bringen, dass das Leben stärker ist als der Tod und dass das Licht des Frühlings die Dunkelheit des Winters vertrieben hat.

Zuerst das Heu
und dann das Vergnügen

Vor Jahrzehnten noch wurde am Schweizer Nationalfeiertag gearbeitet, erst am Abend fand man sich zu einer Feier zusammen. Ich freute mich ungemein auf dieses Fest. Der Festplatz beim Schulhaus war weder gross noch in irgendeiner Weise würdevoll, und das Festprogramm verlief Jahr für Jahr ähnlich – aber niemand erwartete etwas anderes, dieses Gleichmaß entbehrte nicht einer gewissen Feierlichkeit. Die rhetorische Begabung der Festredner war unterschiedlich, aber man hörte andächtig oder respektvoll ruhig zu, je nachdem.

Ich konnte sich sehr gut erinnern, wie im Vorjahr einer der drei Dorfärzte in seiner 1. August-Ansprache mit spürbarer Begeisterung das Gottfried Keller-Gedicht »O mein Heimatland, o mein Vaterland, wie so innig, feurig lieb ich dich« vorgetragen und erläutert hatte. Beeindruckt war ich vor allem vom Vers, der mit den Worten: »Werf' ich ab dereinst, dies mein Staubgewand« begann. Lebte ich selbst denn auch in einem Staubgewand, das ich einmal abwerfen würde – aber wohin sollte ich denn gehen, so ganz ohne Gewand? Fröhlich stimmten dagegen immer die flotten Märsche des Musikvereins, und eine Attraktion waren die kunstvollen Barren-Übungen der jungen Burschen vom Turnverein. Die Trachtengruppe zeigte sich in Baselbieter- oder Birsecker-Trachten und drehte sich auf dem Podium zu Schwyzerörgeli-Klängen. Ein Ereignis war es allemal, wenn man die Kerze im Lampion anzünden durfte, so dass man mit der beleuchteten Papierkugel durch die Dunkelheit den Heimweg antreten konnte. Die bengalischen Zündhölzchen, mit denen glühende Kreise gezogen oder Ornamente ins Nachtdunkel gezeichnet werden konnten – das war der Höhepunkt, ehe man erlebnismüde ins Bett sank.

An einem besonderen 1. August verfinsterte sich am späten Nachmittag der Himmel. Es durfte keinen Regen geben, bitte nicht. Am Abend sollte doch die Feier stattfinden, der Lampion mitsamt dem Stab zum Tragen lag schon seit Tagen bereit. Immer mehr Gewitterwolken ballten sich zusammen, die Kirchturmuhr schlug 6 Uhr. Auf der grossen Wiese, die sich vom Haus der Großeltern bis zum Bauernhaus der Nachbarn erstreckte, machte man sich in aller Eile daran, Heu einzubringen. Der Großvater nahm das Kind an der Hand: »Komm mit, man muss den Leuten beistehen, es kommt ein Gewitter auf. Ich helfe beim Heuaufladen und du kannst dich beim Nachrechen nützlich machen.« Ich erschrak – aber nein, man wollte doch bei der 1. Augustfeier dabei sein, wenn man jetzt auf dem Feld arbeitete, würde man sich gewiss verspäten oder das Fest vielleicht ganz verpassen, das ging nicht, unmöglich!

Großvaters blaue Augen schossen Blitze, als wolle er das nahende Gewitter unterstützen: »Genau das ist der Sinn vom 1. August, der Tag erinnert daran, dass man zusammenstehen und sich gegenseitig helfen soll. Wenn du das nicht begreifst, hat es auch keinen Wert, dass du den Lampion mit dem Schweizerkreuz beleuchtest – und jetzt komm!« Als die Kirchenglocken um 20 Uhr zu läuten begannen, war das Heu in Sicherheit gebracht, das Unwetter hatte sich verzogen, man eilte zum Festplatz, die Musik spielte ihren ersten Marsch und der Bundesbrief wurde verlesen.

Fahrplanwechsel

Feiertage galten einmal als Weihetage. Im frühen Mittelalter soll an Feiertage die Waffenruhe Gesetz gewesen sein. Auch Jahrhunderte später hielt man sich an bestimmte Regeln. Eine Hausfrau, die am Sonn-oder Feiertag Wäsche an die Leine hängte, setzte sich der allgemeinen Verachtung aus: Sie hatte den Tag entheiligt. Heute macht allenfalls noch der Fahrplanwechsel im öffentlichen Verkehr die Unterscheidung in Werktag, Sonntag und Feiertag bewusst.

Eine Art Fahrplan- oder Richtungswechsel greift auch in die Wertung und die Gestaltung von Feiern und Festen ein. Man mag es beklagen, dass der Nationalfeiertag mancherorts zum nationalen Grill-Abend und zum Festival für knallverliebte Heimfeuerwerker herabgewürdigt wird. Das »einig Volk« von Brüdern und Schwestern hat sich da und dort in Gruppen vereinzelt, vaterländisches Pathos hat seine Wirkkraft verloren. Aber es haben sich neue Gemeinsamkeiten gebildet.

Wer hätte vor etwa 30, 40 Jahren daran gedacht, dass man sich an einem Straßenfest zusammenfinden könnte, gemeinsam auf Festbänken Platz nehmen und sich vom sensationellen Kartoffelsalat von Frau X und vom handgebackenen Maxi-Zopf von Herrn Y bedienen würde?

Heute begegnen sich nicht nur der sogenannt mündige Patient und der Arzt im Gespräch, auch zwischen Theologen und Laien hat sich die Kommunikationskluft verringert. Noch vor 20 Jahren hätte man ungläubig den Kopf geschüttelt, wäre jemand auf den Gedanken gekommen, man solle sich doch nach dem Gottesdienst mit dem Pfarrer zu einem »Chillekaffi« treffen und mit ihm über den Inhalt der Predigt sprechen. Unmerklich hat sich im Zuge einer kommunikativen Demokratisierung eine neue Begegnungsform herausgebildet, die dem Sonntag einen neuen Akzent setzt – zumindest in Kirchgemeinden, die noch so etwas wie ein Gemeindeleben kennen.

Feiertage können nur dann lebendig bleiben, wenn eine Mehrzahl von Menschen deren Sinn erkennt und eine gewisse Verbindlichkeit anerkannt wird. Zwang ist heute zu Recht verpönt. Und doch wäre es wohl nicht verkehrt, wenn den Feiertagen eine Art Denkmalschutz gewährt würde, und der Wechsel von Alltag und Festtag, von Hast und Rast, von Anspannung und Entspannung wieder vermehrt spür- und erlebbar würde.

»Denken, was wahr und fühlen, was schön und wollen, was gut ist«:

Das Wort eines Philosophen aus dem alten Griechenland ist fast zu grandios für unsere Zeit und unsere von Werbebotschaften und Schlagworten überfluteten Gehirnwindungen. Aber dieses erhabene Goldrand-Wort könnte doch die Richtung vorgeben – für öffentliche Feiern und Jubiläen und ebenso für festliche Anlässe im Familien- oder Freundeskreis. Die Wahrhaftigkeit der Empfindung und der Sinn für das Angemessene und wirklich Gute: Das ist es, was zählt und Erinnerungswerte schafft.

Auch Erinnerung geht durch den Magen

Als 1959 die Schweizer Bäckermeister zum Nationalfeiertag einen mit einem Schweizerfähnchen geschmückten Hefeteig-Wecken in ihre Läden brachten, dachten sie vermutlich nicht unbedingt an die Förderung von Erinnerungskultur in essbarer Form, sondern eher an Verkaufserfolg. Der Wecken hat es aber geschafft, ein kleines Zeichen zu geben, das wahrgenommen wird und das man hierzulande vermissen würde, wäre es am 1. August nicht mehr sicht- und greifbar.

Mit bestimmten Gerichten und vor allem auch mit Gebäck verbinden sich Erinnerungen, die sich im Wortsinn verinnerlichen lassen. Die Agatha-Brötchen, die in der Innerschweiz bekannt sind, am 5. Februar in die Regale kommen und ursprünglich Feuer wie Halsschmerzen abwehren sollten, oder die Tessiner Os di mort, die Totenbeinchen, die mit Allerseelen in Verbindung stehen: Noch sind Rezepte auffindbar, die man entdecken und denen man einen neuen Erinnerungswert geben kann. Diese alten Rezepte haben keinen »to go« –, sondern vielmehr einen »to stay«-Effekt: Sie sind kleine Oasen des Genusses.

Die Rezepte verlangen nur wenig Aufwand. Wichtig ist allein, dass das, was dabei entsteht, nicht immer oder irgendwann erhältlich und konsumierbar ist, sondern nur an einem bestimmten Tag oder während einer kurz begrenzten Zeit genossen wird.

Rezepte
◇◇◇◇◇◇◇◇

Mai-Butter

- 250 g Butter. Wenn möglich gesalzene Butter, die in Rollen verkauft wird.
- 50 g gemischte, frische Kräuter (Petersilie, Kresse. Zitronenmelisse, Kerbel usw.).
- Die Kräuter fein hacken und die Butterrolle sorgfältig und so intensiv wie möglich in der Kräutermischung wälzen. In Alufolie wickeln, kalt stellen. Beim Aufschneiden sehen die Butterscheiben wie kleine, von Maiengrün umkränzte Sonnen aus.

»Erinnerungen sind aus wundersamem Stoff gemacht – trügerisch und dennoch zwingend, mächtig und schattenhaft.
Es ist kein Verlass auf die Erinnerung, und dennoch gibt es keine Wirklichkeit ausser der, die wir im Gedächtnis tragen.

(Klaus Mann)

Poretsch-Brot

Statt Lauch könnte man auch Kräuter oder Speckwürfelchen verwenden. Auf jeden Fall sind die Brötchen geeignet, einem bestimmten Tag gewidmet zu werden, der Erinnerungswert bekommen soll.

300 g Lauch
1 EL Öl
300 g Weissmehl
2 KL Salz
1 Päckchen Trockenhefe
2 dl lauwarmes Wasser
1 ½ dl Öl, Butter (falls eine Cakeform verwendet wird)

- Lauch in Ringe schneiden, in Öl etwas andünsten, erkalten lassen. Mehl, Salz und Hefe vermischen, die Lauchringe, das warme Wasser und Öl beigeben und alles etwa 10 Minuten zu einem Teig kneten.
- Den Teig mit einem feuchten Tuch bedecken und etwa 45 Minuten gehen lassen.
- Aus dem Teig kleine Brötchen-Kugeln formen, in lockerem Abstand auf ein mit Backtrennpapier belegtes Blech legen und in etwa 35 Minuten knusprig backen.

Variante:
- Den Teig in eine gefettete Cake- Form füllen und im vorgeheizten Backofen bei 180 Grad in 50–60 Minuten zum Brot backen.

Kleines Glück in Grün

Die Stangenbohnen-Kirche

Wer hinter seinem Haus einen Rasen hatte anlegen lassen, galt früher als vornehm, als »etwas Besseres.« Wer nicht zu diesen Besseren gehörte, hatte einen Sitzplatz mit Gartentisch und Klappstühlen eingerichtet und bewegte sich auf mit Kies bestreuten Gartenwegen. Rosenbäumchen und Zierpflanzen zeigten an: Hier hat man Sinn für Schönes, aber meist gehörte auch ein Nutzgarten zum Eigenheim. Auf diesem Gartenteil wurde in vielen Familien den Kindern ein »Gärtchen« zugeteilt, das sie pflegen und so erleben sollten, wie sich aus einem Salatsetzling ein Salatkopf entwickeln oder aus winzigen Samen eine Pflanze entstehen kann.

Nicht ganz so spielerisch wurden jene Kinder an die Gartenarbeit herangeführt, deren Eltern zur lokalen Bürgerschaft gehörten und denen deshalb ein Stück Pflanzland zustand, das »Bürger-Stüggli«. Für viele dieser Familien bedeutete der Ertrag, den sie aus dem Garten erwirtschafteten, Alltags-Überlebenshilfe, und die Gartenarbeit war Pflicht und Notwendigkeit. Die Kinder mussten harken, Unkraut rupfen, schwere Gießkannen schleppen und die Pflanzung bewässern – ihnen blieb keine Wahl.

Für mich, die ich in einer Gärtnerei aufwuchs, bedeutete der Garten Unendlichkeit und Freiheit, mit zeitweiligen Einschränkungen allerdings. Machte man als Familie an einem schönen Sommer-Sonntag einen Ausflug, wurde früh der Rückweg angetreten, wenn es hiess: »Man muss jetzt den Schatten wegnehmen.« Das klang wohl geheimnisvoll nach Teilnahme an den Ordnungen des Universums, bedeutete aber etwas ganz Banales. Man musste die auf den Glasdächern der Gewächshäuser ausgebreiteten, Schatten spendenden Schilfmatten entfernen. Ich hasste diese sperrigen Dinger, deren scharfe Kanten manchmal in die Finger schnitten, aber ich begriff: Damit etwas gedeiht, ist beides nötig, Licht und Schatten. Hell und Dunkel, immer im richtigen Verhältnis und im vom Sommertag vorgegebenen Rhythmus.

Der Komposthaufen, die kleinen Blautannen im Gehölz, das der Großvater Baumschule nannte, die mächtige Liguster-Hecke, der Steingarten mit den polsterartigen Gewächsen – überall verbargen sich Geheimnisse, die keinen Namen hatten.

Eine besondere Freude waren im Sommer die Stangenbohnen, die Bohnen, die sich dicht an dicht an hohen Holzstangen emporrankten und zwischen denen man sich verstecken und den herben Duft der Blätter einatmen konnte. Diese hoch aufragenden grünen Gebilde kamen mir wie eine Kirche vor – eine Kirche, die höher und ehrfurchtheischender zu sein schien als die Dorfkirche mit ihrem gedrungenen Käsbissen-Turm.

An einem Abend, als ich mit der Großmutter auf der Feierabendbank vor dem Haus sass, geschah etwas Schreckliches. Balzli, der alte Kater, hatte sich nicht schnell genug vor dem Tram retten können, das vor dem Haus vorbeiratterte und wurde weggeschleudert. Ich erstarrte vor Schreck – da lag seine Katze, der Balzli. Das Tier schleppte sich mit letzter Kraft zu mir hin, legte sich vor meine Füsse, schaute zu mir hoch, stieß ein leises »Miau« aus. Senkte dann den Kopf, streckte sich aus und war tot. Der Großvater kam, hob den Balzli sorgsam auf und brachte ihn weg, auch er war traurig.

Ich weinte mich in den Schlaf. Wie sollte denn das Leben weitergehen ohne Balzli, dem man alles hatte erzählen können und der immer geduldig zuhörte? Am andern Tag rief ich die Nachbarskinder zusammen. Der Balzli, das war nicht irgendein Katzentier gewesen. Weil ich diese Katze geliebt und mich von ihr geliebt gefühlt hatte, war diese eine Katze unwiederbringlich einzigartig. Mit der Hilfe eines Nachbarsbuben schleppte ich eine Bockleiter ins Stangenbohnenfeld, die Leiter wurde im Blätterdickicht aufgerichtet und stellte nun eine Kanzel dar. Ich kletterte hoch und erzählte, was ich mit Balzli erlebt hatte. Die Kinder, die zwischen den Stangenbohnen kauerten, hörten andächtig zu – und lachten begeistert, als ich schilderte, wie mir die Großmutter einmal hatte den Hintern verhauen wollen. Kater Balzli pirschte sich lautlos an, richtete sich auf und versenkte seine scharfen Krallen so tief in Großmutters Beine, dass sie laut aufschrie und sofort von mir abließ. Alle in der Stangenbohnen-Kirche Anwesenden waren sich einig: Diese Katze hatte einen würdigen Abschied verdient und freute sich gewiss, dass man an sie dachte. Dort, wo sie jetzt lebte, manchmal vergnügt auf Mäuse lauerte und und ganz gewiss auf das Kind wartete.

Das Grosse hinter dem Kleinen

Unberührte Natur, Bergbachrauschen, mit Arvenholzspänen gestopfte Kopfkissen, Bauerngärten mit von Buchsbäumchen umrandeten Blumenrondellen, alte Gemüsesorten, bunte Bilder voller Landluftlebenromantik, Magerwiesenblumenflor, uralte Balken in der topmodernen Küche, Meditations-Garten, »urban gardening« mit Gemüsebeeten auf Flachdächern oder der Traum von Hochhäusern, mit unterschiedlichen Baumarten bepflanzt und satter Begrünung in der Vertikalen: Der sehnsuchtsgetriebene Wunsch, der Natur auf irgendeinem Weg wieder nahe zu sein und mit ihr auf irgendeine Weise Gemeinschaft zu finden, ist allgegenwärtig. Die Intensität dieser Sehnsucht lässt sich mit den Ruderalpflanzen vergleichen, die nach dem Krieg in zerstörten Städten auf den Trümmerhaufen zu wachsen begannen. Hartnäckig und dem Leben zugewandt.

Die Strauchtomate auf der Terrasse oder ein paar Kräuter, die im Hängekasten auf dem Balkon wachsen: Da weht nicht der grosse Atem der Natur, der uns über uns selbst hinausträgt und Augenblicke der Selbstvergessenheit und des aufgehoben Seins im Allseitigen beschert. Balkonpflanzungen machen auch nicht so viel her wie ein bunter Staudengarten oder eine Sammlung von alten englischen Rosensorten. Das Vergnügen jedoch, eine satte kleine Tomate vom Terrassen-Strauch pflücken zu dürfen oder der Geruch von Petersilie, die im Tontopf auf dem Balkon gewachsen ist, sind dennoch Naturbegegnungen und wohltuend weitab von Twitter, Facebook und all den anstrengenden Bemühungen um Selbstoptimierung.

In Japan kennt man seit bald 40 Jahren den Begriff des »Waldbadens« Shinrin-yoku. Wissenschaftliche Studien sollen belegen, dass schon ein kurzer Aufenthalt im Wald den menschlichen Organismus physiologisch positiv beeinflusst und zur Stabilisierung der Gesundheit beiträgt. Die Sinne des Menschen werden ähnlich intensiv angesprochen wie dann, wenn er ins Wasser eintaucht und sich wohlig aufgehoben fühlt. »Wer hat dich, du schöner Wald…«: Der Wald als Therapie-Raum.

Hinter dem Kleinen kann sich Grosses verbergen. Beschränkung ist ja nicht das gleiche wie Beschränktheit. Der kleine Balkon-Garten, der vielleicht nur aus ein paar Blumentöpfen besteht, hat in seiner Minimalisierung vieles zu bieten.

Petersilie: Das Grün der Nymphen-Insel

Sagt man in Italien von einem Menschen, er sei »raro come il prezzemolo«, dann meint man, er habe keine bemerkenswerten Eigenschaften, sondern verkörpere Durchschnittlichkeit. Er sei ebenso wenig selten und kostbar wie eben Petersilie, das Allerweltskraut. Die alten Griechen waren da ganz anderer Ansicht: Für sie war die Petersilie – wie übrigens auch der Sellerie – eine heilige Pflanze. Sie schmückte und begrünte überdies die Insel der Nymphe Kalypso, von der in der Odyssee die Rede ist.

Petroselinum sativum, im Schweizerdeutschen „Peterli" genannt, hat eine ebenso vielseitige wie unterschiedliche Biographie. »Petersilie hilft dem Mann aufs Pferd«, hiess es einst – und den Gladiatoren im alten Rom soll man vor dem Kampf die Speisen mit viel gehackter Petersilie vermengt haben, weil dieses Kraut angeblich den Bizeps hart und stark machte. Im Mittelalter galt die Petersilie als magische Pflanze, die übellaunige Geister vertreiben sollte.

Alter Gartenzauber: Beim Aussäen von Petersiliensamen soll man allen Unmut, der sich im Herzen abgelagert hat und der eindeutig der Gesundheit schadet, laut schimpfend von sich geben. Mag sein, dass auch das Beobachten des Petersilienwachstums im Balkonkistchen eine positive Wirkung hat. Der ausgesäte Samen braucht acht Wochen, bis er zum zarten Pflänzchen erstanden ist. Slow-Growing, alles braucht seine Zeit, »schweig stille, mein Herze.«

Im Topf oder im Kistchen?

Richtlinien für den Petersilienanbau:
– Bio-Balkonerde mit Landerde-Anteil. Halbschattige Lage. Regelmässige Befeuchtung.
– Falls die Aussaat im Frühjahr nicht gelungen ist, kann im Juli ein zweiter Versuch gemacht werden.
– Wer nicht selbst aussäen möchte, kauft Bio-Peterli in kleinen Töpfen. Die Blätter werden im Sofortgebrauch auf ungefähr 3 cm Höhe abgeschnitten. Die Pflanzen, die in ihren Behältnissen häufig in Gruppen von 2–3 Dutzend

in den Verkauf kommen, können in Dreiergrüppchen aufgeteilt und im Abstand von 10 cm in Balkonkistchen oder grosse Töpfe verpflanzt werden. Es geht also um „Upcycling", um Steigerung. Mit diesem Begriff wäre die Pflanze wohl nicht einverstanden, er ist aber als Anerkennung zu verstehen: Etwas bereits Bestehendes wird nicht nur genutzt und auch nicht nur weiterverwertet, sondern aufgewertet – es erfährt im schönsten Sinn eine Wertsteigerung.

Rezepte
◇◇◇◇◇◇◇◇◇

Kohlrabi en batonettes mit Petersiliensauce

- Jungen, zarten Kohlrabi schälen.
- Zuerst in schmale Scheiben und dann Scheibe für Scheibe in Stäbchen schneiden.
- Mit Zitronensaft (nicht Essig!), Sonnenblumenöl und sehr viel fein gewiegtem Peterli vermischen und 10 – 15 Minuten ziehen lassen.

Es genügt nicht, mit den Pflanzen zu sprechen.
Man muss ihnen auch zuhören können.

(Anonym)

Gebackener Peterli als knusprige Dekoration

- Peterlizweige waschen, auf Haushaltpapier gut trocknen.
- In der 180 Grad heissen Friture knusprig backen.

Wenn man ihm seine volle Aufmerksamkeit schenkt,
wird selbst ein Grashalm zu einer geheimnisvollen, unglaublichen,
unbeschreiblich wunderbaren Welt.

(Henry Miller)

Petersilien-Kartoffeln (für 4 Portionen)

1 kg Kartoffeln
30 g Butter
1 EL
fein gehackte Petersilie
1 Tasse Gemüsebouillon
½ Glas Milch
1 EL Essig
½ Lorbeerblatt
klein geschnittenes Suppengemüse (Rüebli, Sellerie, Lauch)

- Kartoffeln schälen, in mittelgrosse Spalten schneiden. Petersilie in der heissen Butter andünsten, die Kartoffeln beigeben, Bouillon und alle anderen Zutaten (ausser Milch) dazugeben. Zurückhaltend salzen, halb weich dämpfen. Milch beifügen und die Kartoffeln unter gelegentlichem, sorgfältigem Wenden weich dämpfen.

Schnittlauch: Weit mehr als Tellerrandverzierung

Hatte ein weibliches Wesen langes, strähniges Haar, sprach man früher abschätzig von »Schnittlauchlocken«. Diesen Vergleich hat Allium schoenoprasum aus der Familie der Liliengewächse nicht verdient, denn seine Inhaltsstoffe wirken desinfizierend und verdauungsfördernd. Die züchterisch praktisch unbearbeitete Pflanze bringt übrigens noch die ganze „Formkraft" einer Wildpflanze mit sich.

Des Schnittlauchs spiessförmige Blätter geben – in feine Ringe geschnitten – einer Suppe, einer Salatsauce, einer Omelette oder einem Wurst-Eier-Salat die richtige Würze. Was zu beachten ist: Er will nicht gekocht, sondern nur frisch geschnitten über gekochte Speisen gestreut werden.

Anbau und Anwendung

Vom (gekauften) Stock Bio-Schnittlauch die Röhrchen nie tiefer als 1½–2cm über dem Topfboden wegschneiden. Der Schnittlauch mag es sonnig. Möchte man ihn in der Balkonkiste zusammen mit Peterli anpflanzen, kommt der Schnittlauch nach vorn und der Peterli dahinter zu stehen. So bleibt der Wurzelbereich der Petersilie im Halbschatten, der ihr zuträglich ist.

Rezept

◇◇◇◇◇◇◇

Weil sich der Schnittlauch nicht fürs Kochen eignet, bringen die alten Kochbücher praktisch keine Rezeptvorschläge. Umso mehr ist Kreativität gefragt. Sei es, der Schnittlauch wird in einer Sauce zum berühmten Tafelspitz serviert oder man vermengt ihn fein geschnitten mit Quark oder Frischkäse.

Geröstete Parisette-Brotscheiben, mit pikant gewürzter und etwas steif geschlagenem Rahm verfeinerten Schnittlauch-Quarkcreme bestrichen, geben feine Apéro-Häppchen ab.

Melisse macht, dass man lacht

Am frühen Morgen vor dem Weggehen noch rasch nach dem Balkongärtchen schauen, da etwas Verdorrtes abknipsen, dort an einem Blatt riechen: Das mag jetzt altmodisch und zuckernostalgisch klingen, ist aber topaktuell. In dem Sinn, als die kleine Balkon-Achtsamkeitsepisode durchaus in den Tag hineinwirken und zu mehr Gelassenheit beitragen kann.

Melissa officinalis oder Zitronenmelisse wird neben anderen hübschen Namen „Herzenstrost" genannt – was man ja in einer restlos durchgetakteten Welt oft bitter nötig hat. Und wenn die heilkundige Äbtissin Hildegard von Bingen schrieb, wer Melisse zu sich nehme, werde zu einem fröhlichen Lachen angeregt: Auch nicht schlecht.

Anbau und Anwendung

Zitronenmelisse ist vor allem eine Heilpflanze, aber auch eine Balkon- und Küchenfreude. Die Zitronenmelisse, die man als zartes Bio-Pflänzchen kauft, gedeiht am besten an einer geschützten und vollsonnigen Lage. Sie mag humusreiche Bio-Erde und will gerne biologisch gedüngt werden.

Falls man die Blätter trocknen möchte: Kurz vor der Blüte und bei gutem Wetter ernten. Die abgestreiften Blätter sofort zum Trocknen auslegen, da sie sonst braun und unansehnlich werden. Pflanzenstängel ca. 12–15 cm über dem Topfboden abschneiden, damit die Melisse wieder neu austreiben kann.

Rezepte
◇◇◇◇◇◇◇◇◇

Melisse-Kugeln

- Quark gut abtropfen lassen, mit etwas halbsteif geschlagenem Rahm vermischen, je eine Prise Zucker und Salz, etwas Zitronensaft und einige Blättchen fein gewiegte Zitronenmelisse einarbeiten.
- Aus der Masse baumnussgrosse Kugeln formen und diese beidseitig mit einem Baumnusskern einrahmen.

Passt ausgezeichnet zu Melonen oder Rohschinken oder garniert, allenfalls in Papiertütchen gesetzt, eine Hors-d'oeuvre-Platte.

Niemand sieht eine Blume.
Wir haben nicht die Zeit, uns etwas anzusehen.
Das braucht Zeit, wie es Zeit braucht, sich jemandem
zum Freund zu machen.
(Georgia O'Keeffe)

Kühlender Melissen-Trank

- 375 g Zucker in 1 l Wasser aufkochen, falls nötig abschäumen und dann abkühlen lassen. In die erkaltete Flüssigkeit eine Handvoll frische Zitronenmelisse-Blätter geben und die Flüssigkeit eine Stunde im Kühlschrank ziehen lassen.
- Danach Blätter entfernen, den Saft von drei Zitronen dazugeben.
- Den Zitronenmelissensirup zu je ⅓ Volumen in hohe Gläser giessen, Eiswürfel beigeben, mit Mineralwasser auffüllen und mit einem Zweiglein Melisse garnieren.

Minze – die feine englische Art

Auch die Minze hat in der griechischen Sagenwelt ihren Platz – und einmal mehr geht es um das Götter- und Menschenthema Eifersucht. Hades, der Herrscher der Unterwelt, verliebte sich in ein schönes Mädchen namens Minthe. Persephone, die Gattin des Hades, riss die junge Nebenbuhlerin in Stücke und verwandelte deren Gliedmassen in ein Kraut, das fortan zum Totenkult gehörte und auf Gräbern angepflanzt wurde. Wer ein Grab besuchte, zerrieb einige Minze-Blätter zwischen den Fingern, roch daran und gedachte während dieser kurzen kultischen Handlung des Verstorbenen. Ob dieser Brauch, der mit seiner Gestik und dem Geruch des Krautes sehr viel Lebensbezug hat, noch irgendwo erhalten geblieben ist?

Die grünen Nachfahrinnen der schönen Minthe kommen in grosser Arten- und Sortenvielfalt vor. Auf der sicheren Geschmacksseite ist man mit der Englischen Minze, die sich mit dem Namen Mitcham bekannt gemacht hat. Von England aus verbreitete sich die Minze in ganz Europa, ihre Wirkstoffe und ihr Aroma kommen in Bonbons, in Zahnpasta, in Mundwasser, in Tees oder in Medikamenten auf – und unverzichtbar ist die Mint-Sauce. Ihr gelingt es sogar, den manchmal etwas strengen Geruch eines Schafbratens zu egalisieren und zu aromatisieren.

Anbau und Anwendung

Jungpflanzen in sonniger, halbschattiger Lage auspflanzen.

Da die Minze gerne auf Wanderschaft geht und ihren Wandertrieb im Topf nicht ausleben kann, ist Umtopfen alle zwei Jahre überlebenswichtig. Die gesamte Erde wird ausgewechselt und einige der unterirdischen Ausläufer im Gebiet des Topfrandes werden in ein neues Gefäss gepflanzt.

Pflege und Ernte

Spätestens dann, wenn die Pflanze zu blühen beginnt, Zweige in 2 cm Höhe abschneiden. Blätter sorgfältig abzupfen und trocknen. Im ausgehenden Winter alles bodeneben wegschneiden.

Die Minze-Blüten sind zwar bei Insekten sehr beliebt. Falls jedoch Samen entstehen und sich irgendwo im Boden einnisten, entwickeln die Pflanzen-Nachkommen nicht mehr die gleichen Eigenschaften wie ihre »Eltern.«

Rezepte
◇◇◇◇◇◇◇◇

Mint-Sauce

- 25 g Minze-Blätter so fein wie möglich hacken.
- 1 EL Zucker, 1 Prise Salz mit einem Glas mildem Weinessig – wahlweise Basilikumessig oder Zitronensaft – aufkochen. Die gehackte Minze beigeben, sofort anrichten und abkühlen lassen.

Unkraut nennt man die Pflanzen,
deren Vorzüge noch nicht erkannt wurden.

(Ralph Waldo Emerson)

Puschlaver Minze-Pizokel

300 g Mehl
5–6 Eier
1 TL Salz
2 dl Milch, 2 dl Wasser
1 Tasse fein gehackte Minze, Petersilie, Schnittlauch
25 g Paniermehl
100 g Butter
100 g geriebener Käse

- Aus den Eiern, dem Mehl, dem Salz, der Milch und dem Wasser einen ziemlich dünnen Spätzliteig zubereiten, bei Bedarf noch etwas Flüssigkeit dazugeben.
- Paniermehl, Minze und die gehackten Kräuter und 50 g Butter zum Teig geben, diesen etwa eine Stunde ruhen lassen.
- Dann von einem Spätzlibrett (oder einem hölzernen Küchenbrett) schmale Teigstücke in kochendes Salzwasser schneiden. Wenn die Spätzli an der Oberfläche schwimmen, mit der Schaumkelle herausheben, gut abtropfen lassen und schichtweise mit geriebenem Käse in eine vorgewärmte Schüssel füllen.
- Die restliche Butter in einer Pfanne erhitzen und über die Spätzli geben.

Variante:

In der Butter noch etwas fein geschnittene Knoblauchzehen dämpfen oder geröstete Zwiebeln über das Gericht geben.

Vom Balkon zur Plantage

Im Dorf, in dem ich aufwuchs, hatten die Häuser keinen Balkon, auf den man von einem Obergeschoss aus hätte ins Freie treten oder sich an einen kleinen Tisch setzen können. Ein Balkon, auf dem man Töpfe mit Kräutern aufgestellt oder gar in einer Kiste Gemüse-Setzlinge ausgepflanzt hätte – undenkbar, man hatte ja einen Garten oder einen »Pflanzblätz«, einen Pflanzgarten.. Balkone oder Terrassen waren ein Privileg von herrschaftlichen Bauten. Sie hatten repräsentative Bedeutung oder gehörten zur Szenerie von literarischen Werken wie etwa der Romeo und Julia-Balkon. Wollten der einfache Bürger, die einfache Bürgerin kurzzeitig mit der Welt ausserhalb der Wohnung oder des Hauses Kontakt aufnehmen, griffen er oder sie zu einem Sofakissen. Mit diesem wurde der Sims am geöffneten Fenster gepolstert, sodass man bequem die Ellbogen auflegen und die Strassenszene in Augenschein nehmen konnte. Manchmal ging unten am Haus jemand vorbei, der hochschaute und mit dem man ein bisschen plaudern konnte. Diese Fenster-Position spielte auch eine bedeutende Rolle als Ausgangspunkt für Sozialkontrollen aller Art.

Auf der Rückseite der Arbeiterhäuser im Quartier, das abschätzig »Loch« genannt wurde, gab es hölzerne Lauben, die allerdings ganz profanen Zwecken dienten. Man konnte da allenfalls einen Kasten Bier oder auch einen Kinderwagen deponieren – und hier befand sich auch das Gemeinschafts-Klo.

Der Begriff »Balkonia« – ein Synonym für Wohn- und Lebensgestaltung im privaten und raummäßig eher kleinen Umfeld – war früher nicht bekannt. Als vor ungefähr 60 Jahren auf Wiesen und Ackerfeldern Wohnblöcke mit kleinen Balkonen aus dem Boden zu wachsen begannen, empfand man dies als begrüßenswerte architektonische Neuerung, wenn nicht gar als Fortschritt. Die Balkone wurden Standard. Sie verdrängten den Fenstersims-Ausguck und ebenso die

Feierabendbank, auf der sich einst Nachbarn zu einem Schwatz eingefunden oder vielleicht miteinander ein Lied gesungen hatten.

Aber die Balkone brachten auch einen wichtigen Vorteil: Sie wurden zum kleinen Refugium für Hobby-Gärtner, Mini-Garten-Gestalterinnen oder Küchen-Menschen, die es lieben, auf dem Balkon einen frischen Zweig Rosmarin oder Berg-Thymian pflücken und damit eine Sauce aromatisieren zu können. Und manchmal freuen sich sogar Hummeln oder Bienen über üppigen Balkon-Blumenschmuck.

In einem der Häuser unmittelbar neben dem Großeltern-Haus, in dem ich gross geworden bin, wohnte Jahrzehnte später ein afrikanischer Trommel-Künstler. Er sehnte sich nach seiner Mutter im fernen Kontinent und ermöglichte ihr einen mehrwöchigen Besuch in der Schweiz. Die alte Frau war glücklich, mit ihrem Sohn und dessen Familie beisammen sein zu dürfen. Aber sie fühlte sich nicht wohl in der völlig ungewohnten Umgebung. Mit Tränen in den Augen erzählte sie ihrem Sohn, dass sie einen Küchenhocker nach draussen getragen und sich an den Strassenrand gesetzt habe.

»Ich habe gewartet und gewartet, Autos und Velos sind an mir vorbeigefahren. Aber kein Mensch hat die Fahrt unterbrochen, niemand ist zu mir gekommen, keiner hat mich angesprochen. Das ist traurig.« Die alte Frau aus Afrika. Sie wusste nicht, dass hierzulande viele Menschen auf einem unsichtbaren Balkon leben, zu ihren Mitmenschen keinen Zugang haben.

Balkon-Begrünung

Eine Balkon-Plantage-Begrünung kann aus einem großen Topf, aus zwei Balkonkisten oder aus einer kleinen Anlage bestehen: Entscheidend sind nie die Grösse oder die Ausdehnung, sondern die Freude am kleinen Stück Natur, für das man die Verantwortung übernommen hat.

Pflanzen in Töpfen sind auf die Zufuhr von Nährstoffen angewiesen. Während der Hauptwuchszeit der Pflanzen eignet sich dafür ein organischer Flüssigdünger aus dem Fachhandel. Beim Umtopfen, das am besten gleich nach der Blüte oder vor dem Neuaustrieb im Frühjahr vorgenommen werden sollte, dürfen die Wurzeln gekürzt und die »verbrauchte« Erde abgeschüttelt werden. Die neue Erde wird gleich mit einem organischen Volldünger gemischt.

Wasser: Hartes Wasser, das einen hohen Kalziumgehalt mitbringt, sollte vor dem Begießen der Pflanze lange stehen gelassen oder abgekocht werden.

Eierschalen: Getrocknete und fein zerbröselte Eierschalen können dort in die Erde eingearbeitet werden, wo das Wasser ausgesprochen weich und kalziumarm ist.

Bier und Milch: Bier- und auch Milchflaschen ausspülen und mit diesem Spülwasser die Balkonpflanzen tränken.

Kaffeesatz: Lose verteilter Kaffeesatz führt den Pflanzen Nährstoffe zu.

Bananenschalen: Falls auf dem Balkon ein Rosenstrauch wächst, kann man zerschnittene Schalen von voll reifen Bio-Bananen in die Topf-Erde einbuddeln. Die schnell verrottenden Schalen sollen u.a. Kieselsäure, Schwefel und Magnesium abgeben.

Pferdedung: Wenn früher »Rossbollen« – also Pferdeäpfel – aufgesammelt und, nachdem ihr Gestank nicht mehr so intensiv war, zerdrückt und in die oberste Erdschicht eingearbeitet wurden, dann stellte dies ein erstklassiges Nährstoffrecycling dar.

Hühnermist: Die traumhaft schöne, üppig, überquellende Blütenpracht von Geranien und Petunien an den Balkonen von Bauernhäusern soll dem fleißigen Gießen, dem regelmäßigen Entfernen der abgeblühten Blumen und dem Hühnermist zu verdanken sein. Der Hühnermist wird mit viel Wasser verdünnt.

Tomaten

Tomaten sind längst dem Sommer entwachsen und das ganze Jahr über in allen Größen und Sorten käuflich erwerbbar. Dennoch hat eine auf dem eigenen Balkon gereifte Tomate einen unverwechselbar köstlichen Geruch und verdient den alten Beinamen »Liebesapfel« – in bestimmten Gegenden von Österreich und im Südtirol wird die Tomate heute noch »Paradeiser« genannt. Die Frucht des Nachtschattengewächses ist kalorienarm und bietet ein reiches Sortiment an wertvollen Mineralstoffen an, so auch Magnesium und Zink. Dass die Tomate bei Bedarf der Libido Auftrieb verleihen soll, gehört ins Sortiment der Pflanzen-Legenden.

Anbau und Anwendung

Als Lage kommt ein Westbalkon in Frage. Wählen Sie keine so genannten Balkontomaten, deren Früchte meist etwas fad sind. Empfehlenswert sind kleinfruchtige, wild sprießende Sorten wie die violett-braune Black Cherry oder eine andere Cherry-Sorte. Die Pflanzen, einzeln oder im Zweierverbund, brauchen einen mindestens 40 × 40 cm gossen Kasten, Tomatenpflanzen mögen übrigens die Gesellschaft von Petersilie.

Schnitt- und Pflücksalate

Die noch vor wenigen Jahren beliebte launige Redewendung »Mein liebstes Gemüse ist das Fleisch« ist längst außer Mode. Auf jeden Fall haben heute auch Karnivoren, also Fleisch verzehrende zweibeinige Lebewesen, gegen Salat selbst dann nichts einzuwenden, wenn sie beispielsweise Blumenkohl oder Karotten immer noch weit von sich weisen.

In der griechischen Mythologie galt Salat als Speise der Götter. Im alten Rom soll insbesondere der Lattich beliebt gewesen sein. Beim Zerschneiden der Lattich-Stängel tritt ein milchig-weisser Saft aus, der Bitterstoffe enthält. Die Römer nannten die Pflanze »lactuca«, also Milchpflanze, und nahmen den Lactuca-Salat als Medizin zu sich.

Anbau und Anwendung

Schnitt- und Pflücksalate lassen sich in langen Balkonkästen aussäen. Geeignet ist außer dem üblichen Schnittsalat eine Mischung aus Senfarten, Pack-Choi usw. Auch Rucola wächst gern in Pflanzenkästen – die sich im Winter übrigens mit Winter-Portulak oder im Frühjahr mit der großblättrigen Kresse begrünen lassen.

Krautstiel

»Krautstiel« ist die schweizerdeutsche Version von Mangold. Das Gemüse wird im Volkston auch als »Spargel des armen Mannes« bezeichnet. Tatsächlich weist sich der Krautstiel über ähnliche Inhaltsstoffe aus wie der Spargel, aber vermutlich hat ihm auch seine vielseitige Verwendbarkeit in der Küche zum Beinamen verholfen. Die weissen Stiele lassen sich zu schmalen Stangen zuschneiden und wie

Spargeln zubereiten oder erkaltet mit einer Salatsauce servieren. Das Kraut kann in Streifen geschnitten und wie Spinat gekocht werden.

In der Volksmedizin gilt der Krautstiel als anregend für die Leber- und Nierenfunktionen.

Anbau und Anwendung

Während sich Wurzelgemüse und andere Kulturen mit langer Wartezeit – so etwa Kohl oder Lauch – für den Balkonanbau nicht eignen, bringen Krautstiele/Stielmangold (z.B. Bright Lights) erfreuliche Ergebnisse. Die jungen Blättchen sind eine wahre Rohkost-Delikatesse.

Der Balkon-Baum

Der Tannenbaum im Topf, der an Weihnachten in der Wohnstube als Christbaum auftreten darf: Eine nette Idee, aber purer Stress für den Baum, wenn er plötzlich in einen geheizten Raum kommt und am Dreikönigstag wieder zurück auf den kalten Balkon befördert wird. Ohnehin ist der Tannenbaum im Topf nicht sonderlich glücklich, weil er zu wenig Platz für seine Wurzeln hat und die Schwankungen von Temperatur und Feuchtigkeit im Wurzelbereich zu gross sind.

Als Balkonbaum geeignet wären allenfalls Zwergtännchen oder Tännchen-Sorten, die flach- oder pyramidenförmig wachsen. Kleinwüchsige Scheinzypressen, Wacholder oder ähnliche immergrüne Nadelbäume – immer im Zwergwuchstyp – sind ebenfalls einen Versuch wert: Sie lassen sich auch zurückschneiden, sodass zwischen dem obrirdischen Teil des Baumes und seinem platzmässig eingeschränkten Wurzelteil wieder ein Gleichgewicht hergestellt werden kann.

Sogar ein kleiner Balkon-Baum kann Geduld lehren und bewusst machen, dass er kein Dekorationselement, sondern ein Lebewesen ist.

Wenn du am Morgen einen Baum gepflanzt hast,
kannst du nicht erwarten, dass er dir mittags schon Schatten gibt.

(Altes Sprichwort)

Erlebnis Wohnraum

∾

Als die Teppiche noch Ausgang bekamen

In der Nähe des Großeltern-Hauses befand sich ein Bauernhof. Kein eigentlicher Bauernhof, sondern ein Hofgut, das zum nahe gelegenen Sommerhaus einer alten Basler Familie gehörte. Ich freute mich, wenn ich aus der Ferne den Schrei des Pfaus hörte, der ums Pächterhaus herumstolzierte und mit seiner Erscheinung die Aussergewöhnlichkeit dieses Gebäudes zur Geltung zu bringen schien. Vor allem dann, wenn er das Rad schlug und sein farbenprächtiges, schillerndes Gefieder spreizte. Ungewöhnlich war auch der kleine Glockenstuhl auf dem Dach des Haupthauses, von dem aus ein hell und eindringlich klingendes Glöckchen zu den Mahlzeiten rief. An jedem Samstag wurde der ohnehin immer saubere Hofplatz so hingebungsvoll gewischt, dass man auf seinem Boden eine Mahlzeit hätte servieren können: Dieser Vorplatz wurde zu einem Raum mit eigener Würde. Die Fensterscheiben am Haus glänzten frisch geputzt und der Messinggriff an der Haustüre war blank poliert worden. Das große Samstag-Reinemachen war der Auftakt zum immer gleichen Wochenend-Ritual: Das Eigentümer-Ehepaar kam zu den Pächtersleuten zu Besuch, um sich auf dem Hof etwas umzuschauen. Die Makellosigkeit von Hof und Haus war ein Beleg für Sorgfalt und Tüchtigkeit und gleichzeitig eine Art Ehrbezeugung gegenüber den Besitzern.

Auch beim Haus der Großeltern wurde der Vorplatz am Samstagabend mit besonderer Sorgfalt sauber gewischt. Das kratzende Geräusch des Reisigbesens gehörte zum Samstagabend, noch bevor die Kirchenglocken den Sonntag einläuteten und man sich in der Waschküche das Samstagabend-Bad vorbereitete. Die Hofreinigung war so etwas wie ein ungeschriebenes Gesetz. Es war, als würde all das, was die Woche an Unebenheiten und Unrat hinterlassen hatte, ausgekehrt, um der Sonntagsruhe mehr Raum zu geben.

Alles hatte damals seine bestimmte Ordnung. Manchmal empfand ich diese Regelungen als störend oder lästig, aber sie boten auch Ruhe und Übersicht. So war denn auch genau bestimmt, wann im grossen Kupferkessel in der Waschküche die Seifenlauge heiss gemacht und die Kochwäsche gebrüht werden musste. Zum Waschtag gehörten das geriffelte Waschbrett genauso wie die Kernseife, die das Seifen-Martheli, das Fräulein Martha, auf einem Leiterwagen von Haus zu Haus karrte und stückweise verkaufte. Die klobigen, gelblich-weißen Seifenstücke wurden an einem trockenen Ort gelagert, damit sie richtig fest und griffig werden konnten.

Im Frühjahr war die Reinigung des ganzen Hauses Brauch und Sitte. Es roch dann penetrant nach Soda, Putzessig und Bohnerwachs. Kaum ein Möbel blieb auf seinem Platz, alles wurde verschoben, damit auch verborgene Ecken entstaubt und geeinigt werden konnten. Die »Frühlingsputzete« bedeutete Schwerarbeit und Chaosbewältigung. Rosshaar-Matratzen wurden ins Freie gewuchtet und für eine Frischluft- und Sonnenscheinkur auf hohe Holzböcke gelegt. Alle Teppiche bekamen Ausgang. Man rollte sie zu einer langen Wurst zusammen, schleppte sie nach draußen und hievte sie dann Stück für Stück über die Teppichstange neben dem Haus. Mit dem Teppichklopfer und einer Mischung aus Kraft und Inbrunst wurden sie durchgeprügelt, der Staub flog auf wie ein dünner Schleier. Zum Schluss wurde jeder Teppich mit einer speziellen Bürste und Essigwasser behandelt.

Bis alles wieder seinen gewohnten Patz hatte und auch die Vorfenster, die Im Winter die Kälte abgefangen hatten, sauber geputzt und im Dachboden aufgestapelt worden waren, vergingen Tage. Das Gefühl, dass nun alles wieder seine Ordnung hatte, empfand man als Belohnung. Die saisonal verordnete Putzerei war anstrengend und machte müde. Ich hatte immer Mitleid mit der erschöpften Großmutter und ihren Helferinnen. Aber ich spürte, dass mit der Ermattung ein tiefes Aufatmen einherging, ein Gefühl von Aufbruch und Neubeginn. Von Frühling.

Leben ohne Haushaltpapier

Ein Glas ist umgekippt, etwas Wasser wurde verschüttet. Die Herdplatten sind geputzt worden und müssen nun nachgetrocknet werden. Im Spülbecken haben sich ein paar Gemüsefasern oder restliches Fett angesammelt. Nach welchem

Gegenstand greift man in solchen und anderen Situationen geradezu automatisch? Nach dem flauschigen Haushaltpapier, das Flüssigkeit aufsaugen, Flächen und Gegenstände trocknen und polieren kann. Fragt man eine an Haushaltdingen interessierte Frau, wie man sich denn beholfen habe, als es noch keine Haushaltpapier-Rollen gab, dann verrät die Antwort recht viel über das Alter der Betreffenden. Erklärt sie, man habe doch früher Papas ausgemusterte Feinripp-Unterhemden oder seine lange Unterhosen oder auch Mamas Baumwollunterröcke in handliche Stücke zurecht geschnitten, die Ränder mit der Nähmaschine oder von Hand umsäumt und dann als Putz- und Wischlappen verwendet – dann stammt diese Frau aus einem Leben vor der Erfindung des Haushaltpapiers und ist schätzungsweise 65 Jahre alt.

Fern aller Plastik-Kultur

Die heutige Wisch- und Weg-Kultur mag hygienischer sein als es die einstigen Allzweck-Lappen waren, die so lange verwendet und immer wieder gewaschen wurden, bis sie fadendünn geworden waren. Aber dieses Lappensystem folgte dem Gebot der Sparsamkeit und dem Prinzip der Wiederverwertung von Material. Die Beschränkung auf das Notwendige und die Nutzbarmachung all dessen, was man zur Hand hatte, forderte aber auch geistige Regsamkeit und Phantasie heraus: Die Lebenskunst des »Sich-zu-helfen-Wissens«. Dieses Prinzip kam auch dann zur Geltung, wenn alte Damenstrümpfe in Streifen geschnitten und zu Badezimmerteppichen zusammengehäkelt wurden. Oder wenn weiche Stoffreste, etwa solche von dünn gewordenen Frottiertüchern oder Barchent-Leintüchern, als „Lumpe-Ditti" ein zweites Leben bekamen. Der Stoff-Leib der Kuschelpuppe und ebenso deren Kopf, Arme und Beine wurde mit Stoffschnipseln gestopft und in Form gebracht. Wuschelhaar-Frisur oder Zöpfe, beides aus Wollresten, Mund und Nase mit buntem Garn aufgestickt, mit reißfestem Zwirnfaden aufgenähte Knopfaugen: Die Lumpen-Puppe aus natürlichem Material erfreute sich solider Langlebigkeit und wurde von vielen Kindern nicht selten inniger geliebt als eine Puppe mit Schlafaugen und quäkender Stimme.

Zuweilen hatten der Zwang zur Verwertbarkeit und ebenso der Respekt vor Materialien auch interessante Nebeneffekte. Vor Jahrzehnten lagen in vielen Toiletten exakt zugeschnittene, handliche Rechtecke aus Zeitungspapier. Nicht wenige Kinder trainierten ihre Lesefähigkeit auf dem stillten Örtchen und kamen so im doppelten Wortsinn mit Inseraten, aber auch mit Agenturmeldungen und Feuilleton-Beiträgen in Berührung.

Auch vor Jahrzehnten schon war die Welt kein unversehrtes Paradies mehr, es gab stinkende Abfallgruben und auf Müllhalden lagen Eisenbetten, Kleinmöbel und Dinge, die man durchaus noch hätte verwerten können. Was eindeutig sinnvoller war: Einkäufe wurden in einen Korb oder ins Einkaufsnetz gepackt, und was man da nach Hause trug, war nicht mehrfach in Folien und Plastik eingesargt. Wurst war Wurst und Gurke war Gurke, beides steckte nicht in einer Plastik-Umhüllung, die zu Hause achtlos im Müll landete. Schon vor Zeiten seufzte die Natur unter unbedachten oder gewissenlosen Eingriffen von Menschen. Aber das Meer war noch nicht durchsetzt und verseucht von Milliarden von Plastikpartikeln, die für viele Meeresbewohner den sicheren Tod bedeuten. »Mantje, Mantje, Timpe Te«: Der Butt, der große Fisch, der im Märchen vom Fischer und seiner Frau vorkommt, taucht längst nicht mehr aus dem Wasser auf auf. Er versteht die Menschen nicht mehr.

Porentief sauber und weisser als weiss?

Die Wahl von Putz- und Waschmitteln ist eine echte Qual geworden. Immer intensiver ruft uns die Werbung zu, dass unsere Wohnräume nicht nur sauber, sondern keimfrei sein wollen, und dass unsere Wäsche dank eines bestimmten Waschmittels einen Grad von Sterilität erhalten könne, die unsere Lebensqualität deutlich anhebt. Der Alleskönner-Fleckenkiller, der Duftstein mit dem Verwöhn-Aroma in der Klo-Schüssel, der strahlende Glanz von Chromstahl und die Frischluft aus der Spraydose – all das und noch viel mehr soll nicht nur mit Putzen oder Waschen zu tun haben, sondern zu unserer Selbstoptimierung beitragen.

Die Wasch- und Reinigungsmittel werden immer effizienter, die Gerätschaften immer raffinierter. Aber vernehmlicher werden auch die Stimmen, die auf die Umweltschädigungen aufmerksam machen, die durch aggressive Mittel hervorgerufen werden. Mahnende Stimmen machen darauf aufmerksam, dass weniger mehr sein kann, und dass es auch in diesem Bereich nicht um unentwegte Selbstoptimierung, sondern um Selbstschutz gehen muss. Wenn norwegische Forscher feststellen, dass die in vielen Reinigungsmitteln enthaltenen Chemikalien langsam, aber stetig die Schleimhäute reizen, die Atemwege schädigen und später das Lungenvolumen verringern können, dann sollte dies zu denken geben. Bedenklich könnte die Situation nur dann werden, wenn man täglich und regelmäßig und viele Jahre lang solche Chemikalien einatmen müsste? »Man muss alles probieren«, sagte Till Eulenspiegel, als man ihn zum Galgen führte. Klug ist, wer klüger wird, bevor ihn der Schaden klug macht.

Mit Backpulver und Schmierseife

Bei der Wahl von Putz-, Wasch- und Reinigungsmitteln stehen heute auch Produkte zur Verfügung, die nicht aggressiv wirken und bei denen man ultrahygienische Reinheit mit Umweltverschmutzung bezahlt.Dagegen sind manche Materialien, die auch schon vor rund 80 Jahren im Putzschrank vorzufinden waren, heute noch anwendbar. Man könnte immerhin mal einen Versuch wagen.

»Gilb«/gelbe Flecken aus weisser Tischwäsche entfernen:

– Das Waschpulver vor dem automatischen Waschgang mit einem Tütchen Backpulver vermischen oder einzelne Flecken vor dem Waschgang befeuchten und mit Backpulver bestreuen.
– Backpulver ist auch hilfreich, wenn ein angebrannter Kochtopf gereinigt werden muss: Topf mit heissem Wasser einweichen, dem Backpulver beigegeben worden ist, einige Zeit einwirken lassen, dann Topf reinigen.

Alte Rotweinflecke entfernen:

– Mit Schmierseife einreiben, warm auswaschen.
– Mit verdünntem Wasserstoffsuperoxyd nachreiben, mit Wasser spülen.

Mantel- oder Jackenkragen reinigen:

– Flüssige Gallseife aufschäumen, den Kragen mit Hilfe eines Tuches reinigen. Mit abgekochtem und wieder erkaltetem Wasser Seifenflüssigkeit entfernen. Gallseife besteht aus Schmierseife und Rindergalle. Bitte beachten: Vor dem Reinigungsvorgang an einer versteckten Stelle, etwa ab der Innenseite vom Saum, eine Probe machen um die Farbechtheit zu prüfen.

Kaffeeflecken entfernen:

– Flecken mit Glycerin betupfen, einwirken lassen, dann auswaschen.

Blutflecke aus Stoffen (ausgenommen Seide) entfernen:

– In kaltem Wasser einweichen, dann in einer Sodalösung auswaschen und anschließend im lauwarmen Wasser gut durchspülen.
– Seifenreste nicht wegwerfen, sondern in ein am oberen Ende verschließbares Säckchen aus dünnem Stoff einfüllen. Eignet sich gut für Handwäsche von Strümpfen und delikaten Geweben.
– Fleckenseife, hausgemacht: Kernseife raspeln, die Späne in Salmiakgeist auflösen. Die Flüssigkeit, die in eine dunkle Flasche abgefüllt wird, sollte die Konsistenz von Sirup haben. Flecken damiteinreiben, mit Wasser nachspülen.

Schwer bewegliche Schubladen, Fenster oder auch Schranktüren:

– Gleitflächen mit Paraffin einreiben. Gut geeignet sind Kerzenstummel.

Raumduft mit Orangenball:

– Eine Bio-Orange dicht an dicht mit Gewürznelken bestecken. Die Nelkenstifte sollen gut verankert sein, es darf jedoch kein Orangensaft austreten.

Sachpflege muss heute rasch gehen, das Ergebnis muss sofort sichtbar sein, andernfalls kommt chemische Reinigung in Frage oder es wird entsorgt, wir wollen dafür keine Sorgfalt mehr aufwenden.

Mit der einen oder anderen Reinigungsmethode aus vergangener Zeit könnte man sich im Sinne einer Sorgfaltsübung beschäftigen. Sorgfalt als Übung, die sich auf dem Weg über die Hände unserem Hirn mitteilt. Das funktioniert ähnlich wie eine in die Niederungen des Alltags versetzte Zen-Meditationsübung. Statt der Zen-Übung des Blumensteckens die Kunst des sorgfältigen Reinigens – warum eigentlich nicht?

Wohn-Raum

∾

Jedes Ding an seinem Ort

Als meine Großmutter noch ein Mädchen war, gehörten in Kreuzstich-Technik bestickte Tücher aus Leinen oder Baumwolle zum Ausbildungsprogramm der künftigen Hausfrauen. Als Übungsfeld für diese Handarbeit diente zunächst das ABC, mit zunehmender Fertigkeit wurden ganze Sinnsprüche aufgestickt. Solch ein Tuch hing als Erinnerungsstück an Großmutters ferne Jugend in der Küche, um unablässig zu verkünden: »Bis hinab zum Fädelein, muss im Hause Ordnung sein.«

Ordnung war ein Leitmotiv, das mir oft Mühe machte. Weshalb durfte ein Buch am Abend nicht auf dem Tisch liegen bleiben, wenn man es anderntags doch gleich wieder zur Hand nehmen wollte? Dass man die Kleider vor dem Zubettgehen in der richtigen Reihenfolge sorgfältig auf einem Stuhl zurechtlegen musste, war verständlich – das machte auch der Großvater so, der an Werktagen immer um 4 Uhr in der Frühe – in aller Herrgottsfrühe – aufstand, um das Gemüse für den Großmarkt bereit zu machen, und der deshalb keine Zeit mit der Suche nach Socken oder dem Unterhemd zu vergeuden hatte. Ordnung sei das halbe Leben, pflegte er zu sagen.

Aber was war mit der anderen Hälfte des Lebens? Woraus bestand die und wie passten die beiden Hälften zusammen? Ich verstand diesen Satz nicht, aber dass Ordnung schon auch Sinn machte, wurde mir dann besonders deutlich, wenn ich krank war und im Bett liegen musste. Dann brachte mir die Großmutter das dickleibige Ansichtskarten-Album, das sonst in einer Kommoden-Schublade lag. Im Album mit dem schönen blauen Kunstlederumschlag war jede einzelne Karte ordentlich in die Ritzen in den grauen Kartonseiten eingesteckt worden. Und so konnte man sich nun in Bilder von Alpenlandschaften oder von Orten mit ungewöhnlichen Namen wie Nizza oder Morcote vertiefen oder eine Kathedrale betrachten, die Notre-Dame hiess. Was hatte dieses prachtvolle Gebäude mit einer Dame zu tun? Auf jeden Fall sahen seine zwei Türme anders, wuchtiger aus als jene des Basler Münsters, das mir die Großmutter einmal gezeigt hatte.

Alle diese Ansichtskarten sagten dem Kind, die Welt müsse gross und vielgestaltig sein.

Einen Begriff von geordneter Unordnung vermittelte Großmutters Knopfschachtel. In dieser grossen, viereckigen Blechschachtel lagen die Knöpfe, die von abgelegten Kleidern abgetrennt und zur Weiterverwendung aufbewahrt wurden, ebenso jene Knöpfe, die nur noch als Einzelstücke oder im Zweierverband existierten. Mit dieser Überfülle von Knöpfen konnte ich auf einem Halbkarton-Untergrund allerlei Muster auslegen, Clown-Gesichter formen oder Blumenmotive zusammenstellen. Dieses Vergnügen, soviel war klar, konnte nur erlebt werden, weil die Großmutter die Knöpfe sorgfältig gesammelt und ordentlich aufbewahrt hatte.

Welt in Unordnung

Ein Lieblingsspruch der Großmutter lautete »Jedes Ding an seinem Ort, erspart viel Müh und böse Wort.« Wie viel Wahrheit und Lebenssinn in diesem simplen Spruch – hörte man nur richtig hin – enthalten war, begriff ich erst viele Jahre später. Immerhin wusste ich früh schon: Sagte der Großvater, dies oder jenes sei nicht in Ordnung, dann hatte jemand falsch gehandelt, falsch entschieden oder Unrecht getan. Als eines Abends ein schwerer Wackerstein durchs Fenster geworfen wurde und Großvaters Kopf nur ganz knapp verfehlte, verstand ich, dass man sich auch in ernste Schwierigkeiten bringen konnte, wenn man offen sagte, was man für Ordnung und was für bedrohliche Unordnung hielt. Großvaters Versicherung, es seien Kriegszeiten, man müsse für seine Überzeugung gerade stehen und dürfe sich vor braunem Gesindel nicht verkriechen, tröstete mich nur wenig. Auch der fettleibige Dorfpolizist, der den Tatort besichtigte und heftig schnaufend ein Protokoll schrieb, trug nicht dazu bei, dass sich die Angst verflüchtigte. Wie konnte man das braune Gesindel, von dem Großvater gesprochen hatte, erkennen? Wo hielt es sich versteckt? Und wie konnte das Gesindel Briefe schreiben, in denen stand, es werde nun bald eine andere Ordnung herrschen, und der Großvater werde zu den Leuten gehöre, deren Namen schon heute auf einer schwarzen Liste stünden und die erschossen würden, sobald neue Ordnungen und Gesetze Gültigkeit bekämen? Großvater blieb ruhig und schien sich nicht zu fürchten. Er versuchte dem Kind immer wieder zu erklären, dass man sich dem Bösen selbst dann mit aller Kraft entgegenstellen müsse, wenn man bedroht werde und mit einer Niederlage zu rechnen habe.

Nach jenem Abend ,an dem ein Stein die Fensterscheibe zersplittert hatte, war die Wohnstube für mich nicht mehr ein geschützter Raum der Geborgenheit wie vordem. Der Stein blieb lange Zeit wie ein Mahnzeichen auf der Anrichte im Wohnzimmer der Großeltern liegen. Bis eines Tages aus Unordnung wieder Ordnung geworden war.

Aufräumen öffnet den Raum

»Aufräumen öffnet den Raum. Putzen klärt ihn«: Ein schönes Wort der Basler Ethnologin und Putz-Expertin Katharina Zaugg. Er klingt nach Würde, Bedeutsamkeit und Beseelung von Räumen – und hat gar nichts mit der charakterlichen Beschaffenheit jener Frauen zu tun, von denen man früher im schweizerdeutschen Volkston despektierlich sagte ,»si het dr Putztüfel im Lib«, »sie hat den Putzteufel im Leib.« Oder die man als »Fegnest« bezeichnete, als rastlos putzendes und die Böden fegendes Wesen.

Aufräumen schafft Klarheit und Übersichtlichkeit. »Jedes Ding an seinem Ort«: Menschen, in deren Gen-Profil der Eifer fürs Putzen und Reinemachen fehlt, werden doppelt rasch lahm und lustlos, wenn die richtigen Putzmittel und Gerätschaften nicht leicht greifbar sind. Wer sich immer erst durch Besenstiele und den selten verwendeten Teppichroller zum Staubsauger vorarbeiten muss, verliert jeden Elan. Ein Putzschrank, der überquillt von Flaschen, Spraydosen oder Büchsen ist keine Hilfe, sondern Belastung – und wo hat sich bloss das Fläschchen mit der Möbelpolitur verkrochen, das man selten, aber eben jetzt gerade braucht?

Empfehlenswert ist ein schrittweises Vorgehen.

- Machen Sie zunächst eine Auslegeordnung von Ihren Putzwerkzeugen. Packen Sie die Dinge, die Sie praktisch nie in Gebrauch nehmen, in einen Karton und stellen Sie diesen in den Keller. Vielleicht können Sie den Stiel des vom Gebrauch abgeflachten und verfilzten Besens irgendwann noch verwenden.
- Schritt 1: Ordnen Sie die Materialien dann so ein, dass diese sofort griffbereit sind. Der Besen beispielsweise steht immer an seinem festen Platz und wird im Schrank ev. mit Schnur und Haken verankert.
- Schritt 2: Sichten Sie Ihre Putzmaterialien. Sind da Reinigungsmittel vorhanden, die Sie auf die Schnelle gekauft haben, weil Sie die TV-Reklame originell fanden oder weil diese Ihnen suggeriert hatte, mit dem weltneuen Spray bekomme Ihr Bad im Handumdrehen das Flair eines erstklassig gepflegten Fünfsterne-Badezimmers? Weil der Effekt jedoch in Wahrheit wenig spektakulär war, liegt das Produkt nun praktisch ungenutzt herum. Fort damit, in den Sondermüll.
- Reduzieren Sie das Putzmaterial auf das wirklich Notwendige und wählen Sie umweltfreundliche, abbaubare Produkte, die weder Ihnen noch der Umwelt schaden.
- Schaffen Sie sich einen Putzkorb oder einen handlichen, offenen Werkzeugkasten mit einem Tragegriff an. In diese Behältnisse kommen genau die Materialien, die Sie bei der Reinigung eines Raumes benötigen. Wenn Sie immer wieder hin- und herspringen müssen, weil ein Lappen oder ein Putzmittel fehlt, verschleudern Sie unnötig Energie.
- Empfehlenswert ist – für Herren genauso wie für Damen – eine Halbschürze aus festem Baumwollstoff, die mit mehreren einzelnen Taschen versehen ist. Da finden beim Putzen ein Puder- oder Rasierpinsel, mit dem zum um Beispiel das barocke Ornament eines Spiegels gereinigt werden kann oder auch das Spezialtuch für das Auftragen von Möbelpolitur bequem Platz.

Ein Wort der Weisheit: »Wären wir von Kindheit an gewohnt, unsere Umgebung zu einer freundlichen Ordnung zu gestalten, würde auch unser Inneres diese Ordnung durch eine harmonische Stimmung der Seele abspiegeln.« Ernst von Feuchtersleben, ein österreichischer Arzt und Lyriker, hat schon im 19. Jahrhundert erkannt, wie eng innere und äußere Ordnung miteinander in Verbindung stehen.

Gesundheit fühlen

∽

Abwarten und Gesundheit trinken

War ich krank, fühlte ich mich erleichtert, wenn der Arzt mit dem ansprechenden Namen Haas ans Bett kam. Herr Dr. Haas trug stets einen eleganten Anzug, er bot eine gepflegte Erscheinung und die Augen hinter der randlosen Brille blickten freundlich. Sein Basler Dialekt hatte den besonderen Akzent, der alten Familien des Großbürgertums eigen ist. Diese sprachliche Ausprägung zog zumindest noch vor einigen Jahrzehnten eine deutliche Trennlinie zwischen den Menschen vom aristokratischen »Daig« – vom exklusiven Teig – und jenen, die aus einer anderen, weniger feinen Mehlmischung gebacken worden waren.

Doktor Haas strahlte Ruhe aus und wirkte viel vornehmer als der andere Dorfdoktor, der meist das brennende Ende einer Zigarre zwischen den Lippen balancierte, wenn er sprach. Ich mochte ihn nicht, weil er mir den Zigarrenrauch direkt ins Gesicht gepafft hatte, als ich einmal eine Tetanusspritze bekommen sollte – ein Bauernknecht hatte es zuvor versehentlich mit der Zinke einer Mistgabel an der Schläfe verletzt. Den dritten Arzt im Dorf kannte ich nicht. Ich hatte aber gehört, dass dieser Doktor die bemerkenswerte Fähigkeit besaß, sehr rasch die Ursache einer Krankheit zu erkennen und die richtige Diagnose zu stellen. Er duzte alle seine Patienten, bemühte sich nicht um feine Formen und hatte einmal einen Patienten barsch angeherrscht: »Friss doch endlich richtig, dann wirst du bald wieder gesund.« Derart grobe Worte wären nie über die schmalen Lippen eines Dr. Haas gekommen. Dennoch war mir nicht ganz geheuer, wenn er mit der Großmutter sprach und abschließend meinte: »Jä nu, das Kind isch halt e Närve-Bindeli.« Ein Bündelchen aus lauter Nerven? Wie sah so etwas aus? Was hatte ich falsch gemacht, dass ich ein solch seltsames Bündelchen sein musste?

Viel Beruhigung ging jedoch von Großmutters Redewendung »ich mach dir gleich ein Teelein, alles wird gut« aus. Ob es nun um Bauchweh oder Kopfschmerzen, um Fieber, Halsweh oder Schnupfen ging: Immer gab es ein hilfreiches „Teeli“. Nicht jeder Tee schmeckte angenehm. Der Pfefferminztee schien einen zu beleben, der sanfte Kamillentee wirkte beruhigend in den Tiefen des Bauches, Fliedertee oder Lindenblütentee brachten einen zum Schwitzen. Bitter war dagegen der Wermuttee, den man zwar nur teelöffelweise einnehmen musste, dessen Geruch jedoch stundenlang immer wieder penetrant vom Bauch in den Mund hochzusteigen schien. Auch der Tee vom Spitzwegerich oder die Teemischung, die Großmutter „Brusttee“ nannte, rochen nicht besonders angenehm.

Die Großmutter war mit vielen Heilpflanzen vertraut. Sie kannte ein Kraut, das den schönen Namen »Frauenmantel« trug oder eines, das »Königskerze« hiess und Bilder von mit Kerzen beleuchteten Prunksälen und funkelndem Schmuck wachrief. Einen tapsenden Bären sah das Kind vor sich, wenn von »Bärentrauben«-Tee die Rede war, und »Tausendgüldenkraut« hätte auch der Titel eines Märchens sein können.

Schluck um Schluck

Hielt das Kind die Teetasse in den Händen, vernahm es jedes Mal Großmutters Mahnung: »Du musst ganz langsam trinken, Schluck um Schluck. Und jeder Schluck muss mindestens eine Minute lang im Mund behalten werden, bevor du ihn runter zum Bauch schickst.« War ein Heil-Tee sehr bitter, kam die Ausnahme von der Regel zur Geltung, und zwar mit der liebevollen Weisung: »Und jetzt Schluck und Druck!«

Jahrzehnte später erfuhr das inzwischen erwachsene Kind von einer Benediktinerin, dass die kräuterkundige Äbtissin Hildegard von Bingen im 12. Jahrhundert ungefähr die gleiche Anweisung wie die Großmutter gegeben hatte. Jeder Heil-Tee muss langsam und schluckweise getrunken werden. Man sollte den Wirkstoffen der Kräuter Zeit geben, sich dem Gaumen mitzuteilen, sich ihm bekannt zu machen und der Mundschleimhaut notwendige Informationen zu übermitteln. Das langsame Trinken der Teeflüssigkeit erfordert zunächst etwas Geduld. Aber sobald man sich entschliesst, diesen Vorgang als kleine

Achtsamkeitsübung zu verstehen, breitet sich spürbar Ruhe aus – in Leib und Seele.

Ebenso liebenswert wie lebensklug ist Hildegard von Bingens Anweisung, sich bei Nervosität und zorniger Unruhe in einem Pfännchen ein Glas Weißwein ganz langsam zu erhitzen. Danach soll der Wein in möglichst kleinen Schlucken getrunken werden.

Manchmal wirkte so ein Großmutter-Teelein wie ein Wunder. Der Krampf im Magen löste sich auf, der quälende Husten liess nach. Und war es denn nicht auch ein Wunder, wenn sich eine klaffende Wunde am Knie nach einiger Zeit wieder schloss und verheilte, ohne auch nur eine Narbe zu hinterlassen? Die Großmutter meinte dann immer, mit einem Wunder solle man nicht rechnen, aber man dürfe es erhoffen. Die alte Frau schien gegenwärtig zu sein, als das Kind im Erwachsenenalter einen klugen Geist sagen hörte: Entweder man glaubt, nichts sei ein Wunder – oder man glaubt, alles sei ein Wunder.

Hilfreiche Heilpflanzen

Wann war das wohl, dass zum ersten Mal eine Frau Salbei, Minze oder ein anderes Kraut im Kochtopf über der Feuerstelle ins kochende Wasser warf, weil sie ahnte, dass dieses Kraut eine Heilwirkung haben könnte? In den mittelalterlichen Medizinschulen wurden die Heilanweisungen aus griechischer und römischer Zeit erkundet und schließlich in Klostergärten Arzneipflanzen angebaut und deren Wirkungen erprobt.

Vor Jahrzehnten war der Name des Kräuterpfarrers Johann Künzle fast jedem Kind ein Begriff, und das Bild des volkstümlichen Mannes mit dem schlohweißen Rauschebart war weit verbreitet. Sein Buch »Chrut und Uchrut« – Kraut und Unkraut – stand in unzähligen Bücherregalen und wurde ganz besonders während der Kriegsjahre zu einem hilfreichen »Hausbuch« und Nachschlagewerk. Nachdem sich der Medikamentenmarkt rasant zu entwickeln begonnen hatte, gerieten des Kräuterpfarrers Rezepte in den Hintergrund. Um dann wieder neu an Aktualität zu gewinnen, als man begriff, dass das alte Prinzip von Wirkung und Nebenwirkung seine Gültigkeit behalten hatte – 2017 wurde »Chrut und Uchrut« in überarbeiteter Fassung in dritter Auflage herausgegeben.

Die Medikamente der neuen Zeit wurden zwar unentbehrlich, manche wirken bis heute lebensrettend oder lebensverlängernd. Während vieler Jahre wurden allerdings bestimmte Medikamentengruppen zu rasch und zu wenig bedachtsam eingesetzt. Schon vor etwa 30 Jahren hatte ein Arzt an einem öffentlichen Vortrag festgestellt, leider werde zu oft mit Kanonen auf Spatzen geschossen – will heißen: Selbst bei eher geringfügigen Erkältungskrankheiten werde ein Antibiotikum eingesetzt. Ganz allmählich kehrten die Heilpflanzen aus ihrem Exil zurück. Man sprach nicht mehr abschätzig von Naturheilkunde, ja sogar der Begriff der Volksmedizin klang nicht mehr nur anrüchig nach unsinnigen Aderlass-Methoden und bauernschlauen Deutungsversuchen von Urinproben. Der Begriff Komplementärmedizin oder Ergänzungsmedizin begann sich einzubürgern.

Kleine, feine Tee-Rituale

Einer der Pfarrer Künzle-Leitsätze hieß: »Wenn die Menschen das Unkraut nicht nur ausreißen, sondern einfach aufessen würden, wären sie es nicht nur los, sondern würden auch gesund.« Gewiss freut sich Künzle in seinem himmlischen Kräutergarten, dass viele zu Unrecht als Unkraut bezeichnete Gewächse heute durchaus bekannt und beliebt sind und für manche Spitzenköche mit Sterne-Status längst zum kulinarischen Experimentierfeld gehören.

Heil-Tees sind heute in kleinen Beuteln erhältlich, die nur noch ins heiße Wasser gelegt werden müssen. Rasch und praktisch. Aber das Mischen von getrockneten Heilkräutern, das sorgfältige Ziehenlassen im abgekochten heißen Wasser, die paar Minuten des Wartens, bis der Tee trinkbereit ist: Dies sind kleinste Heilrituale, welche die Wirkung der den Kräutern innewohnenden Kräfte verstärken.

Wird vom Wirk- oder Inhaltsstoff einer Pflanze gesprochen, bedeutet dies nicht, dass sie auf ihre Nützlichkeit reduziert würde. Jede Pflanze hat ihre Individualität, ihr Geheimnis. Sie hat all das verinnerlicht, was sie aus ihrem unmittelbaren Lebensbereich aufgenommen hat, und sie reagiert im Zusammenspiel mit anderen Pflanzen auf die eine oder andere Art.

Aufguss, Absud oder Auszug

Soll Wasser mit den Wirkstoffen von Pflanzen angereichert werden, kommen drei Methoden zur Anwendung.

- Beim Aufguss werden intensiv duftende, nicht verholzte Blätter und ebenso Blüten mit kochendem Wasser übergossen. Im passenden Gefäß sollen sie 5 Minuten ziehen um dann abgeseiht zu werden. Bei der Zubereitung eines Heil-Tees kommt meist die Aufguss-Methode in Frage.
- Harte, stängellose Blätter und feste Blüten brauchen einen Absud: 1–2 Esslöffel zerkleinertes oder allenfalls geschnittenes Material wird in einer Pfanne in ½ Liter kaltem Wasser langsam aufgekocht. Nach dem Siedepunkt 5 Minuten leicht weiter kochen, dann die Pfanne vom heissen Herd nehmen und die Flüssigkeit zugedeckt 10 Minuten ziehen lassen. Den Absud in eine Thermosflasche abseihen.
- Mit einem Auszug werden aus harten Blättern, Blättern mit Stängeln, Wurzeln und Samen Wirkstoffe gezogen. 1–2 Esslöffel Material wird mit ½ Liter kaltem Wasser 1–2 Stunden angesetzt. Anschließend wird alles langsam aufgekocht. Bei kleiner Hitze während 10 Minuten weiter köcheln, dann die Pfanne vom Feuer nehmen und zugedeckt 10 Minuten ziehen lassen. Den Auszug abseihen und in eine Thermosflasche füllen.

Winter-Tee mit Sommerduft

Der Tee riecht nach Kräutern, die am frühen Morgen eines Sommertages ihren Duft verströmen. Er erwärmt wohltuend den Körper und wirkt gut bei Atemwegserkrankungen, verschleimten Bronchien und Schnupfen.

Mischung: 1 Teil echtes Thymiankraut, 1 Teil Lavendel, 1 Teil Majoran

Zubereitung:
- 2 TL der Mischung in einer Tasse mit ¼ l abgekochtem heissem Wasser übergießen.
- 10 Minuten zugedeckt ziehen lassen, dann abseihen.

Anwendung: Ohne Zucker, allenfalls mit ganz wenig Honig gesüßt trinken. 3–4 Tassen über den Tag verteilt.

»Stress-weg«-Tee

Insbesondere die Heilpflanze »Goldrute« übt in dieser Teemischung eine die Nerven besänftigende Wirkung aus. In der Volksmedizin galt die Pflanze auch als Heilmittel gegen Rheuma und Arthritis und ebenso gegen Blasen- und Nierenbeschwerden.

Mischung: 50 g Goldrutenkraut, 25 g Melissenblätter, 25 g Lavendel

Zubereitung:
- 3 TL der Mischung mit ¼ l heissem Wasser übergießen.
- 10 Minuten ziehen lassen, dann abseihen.

Anwendung: Den Tee in eine Thermosflasche gießen und warm halten. Dreimal täglich 1 Tasse Tee trinken.

Variante: 40 g Goldrutenkraut, 30 g Johanniskraut, 10 g Ringelblumenblüten, 10 g Lindenblüten und 10 g Hopfen

Zubereitung:
- 1 TL der Mischung mit ¼ l abgekochtem, heissem Wasser übergießen.
- 20 Minuten ziehen lassen, dann abseihen.

Anwendung: Mischung in einem Glasgefäss aufbewahren.
Dosierung: Dreimal täglich eine Tasse.

Anti-Bauchweh-Tee

Die Melisse soll schon vor langer Zeit als Vielzweck-Heilpflanze genutzt worden sein. Die Blätter wurden früher klein geschnitten mit Wein getrunken, oder man verwendete sie als breiige Auflage bei Hunde- und Skorpionbissen. Melisse kam – und kommt – aber auch bei Bauschmerzen und Schlafstörungen zur Anwendung.

Die Kräutermischung wirkt lindernd bei Blähungen, plötzlich auftretenden Bauchschmerzen und Verdauungsbeschwerden nach zu reichhaltigen oder zu fetten Mahlzeiten.

Mischung: 30 g Melisseblätter, 20 g Eisenkraut (Verveine), 10 g zerstoßene Fenchelsamen, 10 g zerstoßene Anissamen, 10 g Kamillenblüten

Zubereitung:
- 2 TL der Mischung mit 2 dl abgekochtem heissem Wasser übergiessen.
- 10 Minuten ziehen lassen, dann abseihen.

Anwendung: Bei Bedarf warm und schluckweise trinken.

Lady-Tee

Alchemilla, der »Frauenmantel«, gilt seit Jahrhunderten als Heilmittel bei Frauenleiden aller Art. Seine Wirkstoffe entkrampfen, regulieren und beruhigen. Der »Lady«-Tee ist insbesondere hilfreich bei Wallungen und Schweißausbrüchen während der Wechseljahre der Frau.

Mischung: 30 g Frauenmantel, 30 g Salbeiblätter, 10 g Schafgarbe, 20 g Melisseblätter, 10 g Johanniskraut

Zubereitung:
- 2 schwach gehäufte EL der Mischung mit ¼ l Wasser übergießen und bis zum Siedepunkt erhitzen.
- 10 Minuten ziehen lassen, dann abseihen.

Anwendung: Nach Bedarf 1–3 Tassen täglich.

Tee als Begleittherapie

Wer der Wirkkraft eines Heiltees vertraut, muss sich keineswegs gegen moderne Medikamente verschworen haben. Heilkräuter können mit sanfter Eindringlichkeit Medikamentengaben und den gesamten Heilungsprozess begleiten und unterstützen. Altes Heilwissen muss nicht als Heilslehre auftreten, es verdient jedoch Beachtung, Respekt und darf sinnvoll genutzt werden.

Der Begriff der »Erfahrungsmedizin« klingt gut: Von Generation zu Generation weitergegebene Erfahrungen haben sich verdichtet und bewährt. Bei einigen Heilkräutern lässt sich auch sehr schön erkennen, wie Magie von der Erfahrungsmedizin abgelöst worden ist, um schließlich nach langer Zeit auch von der medizinischen Forschung anerkannt zu werden. Ein schönes Beispiel ist das Johanniskraut mit seinen sonnengelben Blüten. Einst galt es als Zauberkraut, das Gespenster und Ungewitter abwehrte, später wurde es unter anderem gegen Ischias, Venenleiden und Gicht eingesetzt. Heute sind die Wirkstoffe des Johanniskrauts in Medikamenten eingebunden, die bei depressiven Verstimmungen und psychovegetativen Störungen hilfreich eingreifen.

Wenn von Therapie die Rede ist – gehe es um ein Medikament oder einen Heil-Tee – dann spielen immer das richtige Mass und die vernünftige Anwendung eine wichtige Rolle. Der falsche Gebrauch eines Medikaments oder auch der offene Medikamentenmissbrauch gefährden die Gesundheit. Was bei Heilpflanzen nicht selten vergessen wird: Zu hohe Konzentration bei der Zubereitung eines Heil-Tees, zu häufige Anwendung oder eine unvernünftig lange Anwendungsdauer sind ebenfalls schädlich. »Fragen Sie Ihren Arzt oder Apotheker« wird uns immer wieder vorgebetet – eigentlich würde auch der fachkundige Drogist Erwähnung verdienen. Leider wird nie gesagt, man solle vor allem auch mit der eigenen Vernunft ins Gespräch kommen.

Nutzen und Schädlichkeit, Heilwirkung und Nebenwirkung, Wohlbehagen und Unbehagen: Oft sind sich Gegensätze erstaunlich, ja gar gefährlich nahe. Oder wie der Fußball-Philosoph Ettmar Cramer einst etwas derb fomulierte: »Es hängt alles irgendwo zusammen. Sie können sich am Hintern ein Haar ausreißen, dann tränt das Auge.«

Gesundheit

Tage wie Haferschleim

Das Wort »Haferschleim« klang schon immer unangenehm. Und noch unangenehmer war die weiss-graue Haferschleimsuppe, die mir die Großmutter zubereitete, wenn ich Bauschmerzen hatte. Oder aus irgendeinem anderen Grund so lust- und kraftlos im Bett lag, dass ich nicht einmal mehr lesen oder Bilder betrachten mochte. Großmutter kochte die Suppe aus Haferflocken und Wasser, um sie dann durch ein Sieb zu drücken, das schließlich eine schleimige Flüssigkeit absonderte. Dieser Haferschleim war ungesalzen und schien gleichsam träge durch die Speiseröhre zu rinnen. Träge wie der Tag, an dem das Fieber die Glieder schwer machte und einzig die Muster der Schlafzimmertapete etwa Ablenkung boten, weil man sich in die Blumenarabesken Fratzen hineindenken konnte.

Großmutter war fest überzeugt, dass während solcher Krankheitstage der Magen geschont werden müsse, ja dass der ganze Körper der Ruhe bedürfe. Tee, Haferschleim, Bettwärme und Ruhe: Vor allem bei Erkrankungen des Kindes war dies Großmutters »Goldene Gesundheitsregel«. Schon die UrGroßmutter mit dem feierlichen Namen Maria Magdalena, die von einem Bild mit liebevollem Lächeln auf alle Angehörigen herniederblickte, hatte sich an diese Regel gehalten und deren Mutter wahrscheinlich ebenfalls.

Begann ich meine Lethargie abzuschütteln und gegen die Haferschleimsuppe in der großen Ohrentasse zu rebellieren, war dies für Großmutter ein Genesungszeichen. Was wiederum bedeutete, dass ein paar Teelöffelchen fein geraffelter Apfel erlaubt waren und statt der Schleimsuppe eine Eierstichsuppe in die Tasse gefüllt wurde. Die salzige Gemüsebrühe mit dem zerdepperten Ei, das in der heißen Flüssigkeit kleine Eiweiß-Schlangen bildete, schmeckte köstlich.

Ein weiteres Hausmittel der Großmutter hiess Geduld. War ich unleidig, weil eine Erkrankung das Spiel mit den Nachbarkindern oder irgendeinen kleinen Plan verunmöglichte, mahnte Großmutter Geduld an. Mit Zorn und Ungeduld könne man keine Krankheit heilen, meinte sie. Viel eher sollte man mit der Krankheit sprechen und sich überlegen, weshalb sie wohl zu einem gekommen sei und was sie einem zu sagen habe.

Mit der Krankheit sprechen? Ich hatte Mühe, dies zu verstehen. Ich konnte nicht ahnen, dass der Begriff »Auf den Körper hören« einmal zum Gegenstand wissenschaftlicher Diskussionen werden würde. Und dass Großmutters Denkweise im tiefsten Grund in eine Richtung ging, die Jahrzehnte später der amerikanische Arzt und Anthropologe Arthur Kleinman einschlagen würde, konnte damals auch niemand voraussehen.

Kleinman nämlich ermunterte die Ärzte, ihre Patienten nicht nur die Beschwerden schildern zu lassen, sondern ihnen auch Fragen zu stellen: Was glauben Sie, könnte die Ursache Ihres Problems sein? Warum könnten die Beschwerden gerade jetzt aufgetreten sein? Was denken Sie, macht das Problem in Ihrem Körper?

Mit der Krankheit sprechen heisst eben: Der Körper ist kein Apparat, der bei Bedarf repariert werden kann. Er will in seiner ganzen lebendigen Vielgestaltigkeit angesprochen werden. Die Großmutter schien dies zu wissen.

Kranken-Kost...

Das Kapitel »Speisen und Getränke für Kranke« nimmt in manchen alten Kochbüchern erstaunlich viel Raum ein. Reis-, Hafer- und Gerstenschleimsuppen gehören zum Grundangebot, ebenso eine Fleischbrühe »mit dem Gelben vom Ei.«. Eine Suppe mit gehackten Lattich-Blättern, fein gehacktem Sauerampfer, Pfaffenröhrlein (Löwenzahn) und Körbel (Kerbelkraut) galt als blutreinigend. Von vegetarischen oder gar veganen Speisen wusste man seinerzeit noch kaum etwas, Fleisch wurde den Kranken als Aufbau- und Kraftnahrung gereicht. Jene Krankenkost-Rezepte von anno dazumal – etwa für halbe Hähnchen oder junge Tauben, schwach gesalzen, aber in fein gehackten Kräutern und Bröseln gewendet, in gebuttertem Pergamentpapier eingewickelt und im Backofen gegart, – die könnten heute durchaus in der Gourmetküche zur Anwendung kommen. Aus heutiger Sicht eher befremdlich sind dagegen Rezepte für eine aus Schnecken zubereitete Kraftbrühe, Mus von Krebsfleisch oder Kalbslunge.

Bemerkenswert ist, wie sorgfältig zwischen Gerichten für geschwächte Kranke und jenen für Genesende unterschieden wurde. Derart subtile Differenzierungen in der Krankenkost fehlten während Jahrzehnten in den Spitalküchen. Es sollten Jahre vergehen, bis sich das Fach Ernährungstherapie entwickelt hatte, und man darüber nachzudenken begann, welche Ernährung für einen bettlägerigen Patienten angemessen sei und welche Speisen seinen Organismus eher belasten als stärken.

… und Kost-Ordnungen

Die Anweisung, am Morgen solle man wie ein Kaiser und am Mittag wie ein König essen, sich am Abend jedoch so karg wie ein Bettler ernähren, kennt man seit Generationen. Vor allem der Hinweis auf reduzierte Portionen am Abend ist insofern nach wie vor sinnvoll, als ein voller Bauch nicht nur ungern studiert, sondern auch den guten und entspannenden Schlaf beeinträchtigt.

Heute nehmen Diät-Empfehlungen breiten Raum ein, und sehr gerne versprechen sie, dass mit dieser oder jener Methode oder diesem oder jenem Produkt die überflüssigen Pfunde nur so davonpurzeln würden. Hat schon jemand erlebt, dass sich überflüssiges Körpergewicht in Pfund-Portionen vom Leibesumfang gelöst und wie überreifes Obst mit einem leisen „Plop" zu Boden gefallen wäre? Abnehmen heisst in den meisten Fällen zu akzeptieren, dass Bewegung und Kalorienverbrauch ins Gleichgewicht kommen müssen und dass ohne Selbstdisziplin nichts geht und schon gar nichts purzelt.

In alten Kochbüchern wurden unter dem Titel »Kost-Ordnung« Rezepte für unterschiedliche Krankheitsbilder und Lebensalter integriert. Umfassende Tages-Ernährungspläne wurden erstellt, die überdies einem jahreszeitlichen Rhythmus folgten und zwischen Alltag und Sonntag unterschieden. Im Dreistunden-Takt wurde beispielsweise auch die Kombination von Ernährung und Nahrungsmittelergänzung festgelegt.

Ein Imbiss um 9 Uhr mit 300 g Milchkakao, 40 g Weißbrot, 50 g geriebenem Rettich und einem Teelöffel »Mineralogen« – was vermutlich ein Mineralsalz meint – mutet zwar nach heutigem Verständnis eigenartig an. Beachtlich ist aber die Sorgfalt, mit der diese Kost-Ordnungen die Selbstheilungskräfte eines kranken oder geschwächten Organismus anzuregen versuchten. Überraschend ist ebenso, dass man früh schon um den Wert der pflanzlichen Nahrung wusste: »Die Pflanzen sind Kraftspeicherer und Kraftlieferer erster Ordnung… die Pflanzennahrung, von der Mensch und Tier direkt oder indirekt leben, ist somit nicht Nahrung zweiter Güte, sondern Vorzugsnahrung«, mahnt ein Ratgeber aus dem Jahre 1930.

Die sorgfältigen, geradezu andachtsvoll wirkenden Ernährungsanweisungen aus den fernen Dreißigerjahren im Vergleich zu unserer Fast Food-Kultur: Da tut sich ein sehr weites Feld auf. Immerhin spricht aus diesen alten Kost-Ordnungen und Rezepten viel Ehrfurcht gegenüber der Komplexität des menschlichen Organismus und ebenso das Bemühen um das hohe Gut Gesundheit. Zu spüren ist überdies, dass auch damals schon Gesundheit nicht als Zustand, sondern als Prozess gesehen wurde, den es klug zu beobachten galt. Wie sagte doch der Philosoph Friedrich Nietzsche? »Denn eine Gesundheit an sich gibt es nicht, und alle Versuche, ein Ding derart zu definieren, sind kläglich missraten. Es kommt auf dein Ziel, deinen Horizont, deine Kräfte, deine Antriebe, deine Irrtümer und namentlich auf die Ideale und Phantasien deiner Seele an, um zu bestimmen, was selbst für deinen Leib Gesundheit zu bedeuten habe.«

Rezepte
◇◇◇◇◇◇◇◇◇

Dinkelmehlsuppe

Die weise Äbtissin Hildegard von Bingen warb in ihren Anweisungen zur Gesunderhaltung von Leib und Seele mit grossem Eifer für den Dinkel, eine Getreideart aus der Familie des Weizens. Dinkel nähre den Menschen nicht nur, sondern mache ihn fröhlich – und eine Dinkelsuppe sei auch sehr bekömmlich für Kranke, die eigentlich keine Lust hätten, etwas zu sich zu nehmen.

Zutaten:

1 l Fleisch- oder Gemüsebrühe
etwas Butter
50 g Dinkelmehl
etwas Salz oder Gewürzsalzmischung und Suppengrün

Fakultativ:

1 Zwiebel
1 Karotte

Zubereitung:

– Butter in der Pfanne erhitzen, Dinkelmehl beigeben und unter Umrühren zu einer goldgelben Mehlschwitze verarbeiten. Mit Brühe ablöschen, glatt rühren und aufkochen. Das Ei mit etwas kaltem Wasser verschlagen und zur Suppe geben, abschmecken und Suppengrün zufügen.

Die Küchenschwestern in der Abtei St.Hildegard im deutschen Rüdesheim-Eibingen schwitzen zuerst in der Butter ein gehackte Zwiebel an, ehe sie das Mehl beifügen. Ferner reiben sie eine Karotte in die kochende Suppe ein. Diese Zutaten geben der Suppe mehr Würze, als Krankensuppe ist die einfachere Variante empfehlenswert.

Kräftigende Butter-Suppe

- In ½ l schwach gesalzenes, kochendes Wasser gibt man ein Stück frische Bio-Butter, etwas fein geschnittene Petersilie, ferner klein geschnittene Stücke von der Rinde von Brot oder einem Brötchen.
- Die Suppe soll eine halbe Stunde leise köcheln.
- Dann mit dem Pürier-Stab oder allenfalls dem Schneebesen glatt rühren und unter Rühren über einem gut zerklopften Eigelb anrichten.

Kraft-Mus für Kranke

Das Rezept aus dem Jahre 1854 gibt als Masseinheit einen »Schoppen« an. Dieser Wert wurde in unterschiedlichen Ländern und Landesgegenden auch unterschiedlich gehandhabt. In der Schweiz hielt man sich bis 1877 an ungefähr 4 dl.

- Gemüsebrühe im Topf mit etwas Meersalz zum Kochen bringen, Gerstenflocken gut einrühren und bei mittlerer Hitze etwa 5 Minuten kochen lassen.
- Die Milch dazu giessen, umrühren und den Brei 3 Minuten leicht kochen lassen.
- Die Masse durch ein Sieb streichen und mit Mandel- oder Sesam-Mus abschmecken.
- Vier Eigelb mit dem Schneebesen luftig rühren, 4 dl Mandelmilch beigeben, nach Belieben leicht süssen und einen Hauch Zimtpulver dazugeben. Bei kleiner Hitze zu einem Brei/Kraftmus kochen.

Gerstenflocken-Brei (4 Portionen)

½ l Gemüsebrühe
120 g Gerstenflocke
½ l Milch, Meersalz
etwas Mandelmus oder Sesam-Mus (Tahine)

Amaranth Omeletten

Amaranth, einst ein Grundnahrungsmittel der Inkas und Azteken, gehört zur Familie der Fuchsschwanzgewächse und ist ein sogenanntes Pseudogetreide. Mit seinem ausgesprochen hohen Energieanteil gilt Amaranth als Aufbau- und Kraftnahrung.

Zutaten (für 4 Portionen):

200 g Amaranth-Mehl
100 g Vollkorn-Weizenmehl
½ l Mineralwasser
2 EL Oliven- oder Rapsöl
1 kleiner TL Meersalz
250 g Quark und Kräuter für die Füllung

– Den Quark (Mager- oder Rahmquark) mit etwas Milch zu einer geschmeidigen Paste anrühren. Nach Belieben fein geschnittene Kräuter wie Dill, Kerbel, Schnittlauch oder Kresse unterrühren.
– Aus den Zutaten einen Omelettenteig anrühren und – wenn möglich – in zwei Pfannen dünne Omeletten/Pfannkuchen backen. Jede Omelette mit der Quarkmischung bestreichen und aufrollen.

Einem Kranken kann eine Amaranth-Omelette auch ohne Füllung, aber mit etwas Apfelkompott serviert werden.

Ein guter Koch ist ein guter Arzt.

(deutsches Sprichwort)

Gesundheit

∽

Heilende Worte, heilende Gesten

Manchmal musste ich Besorgungen machen. Der Weg vom Großeltern-Haus bis zum Konsumladen war ungefährlich und übersichtlich. An der von der Straße abgewandten Seite wurde er von Birnbäumen gesäumt, die den Verlauf der Jahreszeiten abbildeten. Im Frühjahr setzten die winterkahlen Äste Knospen an, die sich nach einigen Wochen zu weißen Blütenbündeln entfalteten. Im Sommer wuchsen kleine Birnen heran, die man „Most-Birli" nannte. Biss man in solch eine Frucht, zog sich die Mundschleimhaut vor Schreck zusammen, denn der Birnensaft war sauer, beinahe ätzend.

Die Wege bis zur Drogerie im Dorf, zur Post oder zum Metzger waren wesentlich länger als der Konsum-Weg, und jeder Botengang bedeutete ein kleines Abenteuer. Gab mir die Großmutter den Henkelkorb an den Arm und den Geldbeutel in die Hand, verabschiedete sie mich mit einem alten Kinderreim aus dem Appenzellerland, ihrer einstigen Heimat: »Anne-Marieli, Zucker-Stieli, gang in Lade und chauf mer en Flade. Chum gly wieder hei und brech mer keis Bei.« Das Anne-Mariele, das zuckersüß-liebe, soll im Laden einen Lebkuchen kaufen und dann rasch und ohne Unfall wieder nach Hause kommen. Dieser Kinderreim kam mir wie ein Segensspruch vor, der mir Mut einflößte und die Beine in schnelle Bewegung zu bringen schien.

Die Großeltern kannten viele Sprüche und Reime. Das Kind fühlte sich davon begleitet, selbst dann, wenn ein Sprüchlein seinen Zorn herausforderte. Hatte ich Mühe, mich für die eine oder andere Sache zu entscheiden, kam mit Sicherheit der Spruch von »Hansdampf im Schnoogeloch«: »Und was er het, das will er nit und was er will, das het er nit – dr Hansdampf im Schnoogeloch het alles, was er will.« Was er hat, das will er nicht – und was er will, das hat er nicht, der arme Hans.

Ein grosser Trost war in kranken Tagen der Vers »Heile, heile Säge, drey Tag Räge, drey Tag Schnee – tuet em liebe Chindli nümme weh.« Legte mir dann die Großmutter noch die Hand auf die Stirn oder strich sie mir übers krause Haar, fühlte ich mich geborgen. Der Heile Säge-Spruch und die Großmutter-Hand auf der Stirn: Man durfte gewiss sein, dass das Fieber weggehen, die Kopfschmerzen verschwinden und alles wieder gut werden würde.

Ich liebte auch kleine Handspiele, so etwa jenes, das zum französischen Kinderreim »Ainsi font, font, font les petites marionettes« gehörte. Die Hände der Großmutter führten rhythmische Bewegungen aus und stellten zwei Marionetten dar. Diese bewegten und bewegten sich – aber nach einigen Drehungen war ihr Auftritt zu Ende, »trois petits tours et puis s'en vont.« Mich freute dieses spassige Spiel. Erst viel später wurde mir bewusst, dass das Spielchen – hörte man nur genau hin – eine ernste Mahnung enthielt. Geschäftig drehen und wenden sich die Menschen rundum, sie eilen umher, stellen sich dar, spielen ihre Marionetten-Rolle, nehmen sich wichtig. Aber unversehens – »trois petits tours« – ist der Lebenstanz beendet. »Et puis s'en vont«, weg sind sie.

Das Wespen-Gleichnis

An einem warmen Sommernachmittag durfte ich den Großvater auf einem Waldspaziergang begleiten. Brav trabte ich neben ihm her und bemühte sich, dem Rhythmus seiner langen Schritte zu folgen – als plötzlich ein Schwarm kleiner, wilder Wespen aufstob, mich umschwirrte und einige Wespen meine nackten Beine zerstachen. »Bleib ganz ruhig, Kind«, sagte der Großvater, während er vor mir auf dem Waldweg niederkniete. Mit seinen Lippen sog er an jeder einzelnen Einstichstelle. Er habe das Wespengift aus den Wunden heraussaugen müssen, erklärte der Großvater, nachdem er sich mit einem Ächzen wieder aufgerichtet hatte. Er fasste meine Hand, mein Herz klopfte wild, die Haut an den Beinen juckte – aber ich konnte sich doch bewegen, mir war kein Unheil geschehen, dafür hatte der Großvater gesorgt.

Dass sich der gross gewachsene alte Mann vor mir, dem Kind, niedergekniet hatte, um mir zu helfen, und dass er das Gift aufgesogen hatte: Diese Geste blieb in meinem Gedächtnis haften. Jahre später verstand ich, dass es Augenblicke im Leben gibt, in denen eine Geste oder eine Bewegung eine stärkere, prägendere Wirkung haben können als jedes Wort – im Guten wie im Bösen.

Kinderreime sind nicht kindisch

Ist es nicht vollkommen lächerlich, heutzutage, in der technische Entwicklungen unsere Welt unaufhaltsam verändern und sich auch Erziehung und Bildung diesem Wandel stellen müssen, von Kinderreimen zu sprechen? Man kann sich allerdings auch fragen, ob für ein kleines Kind nicht doch – oder gerade auch – jene Dinge wichtig sind, die sich auf der Gefühlsebene abspielen und sein Herz berühren. Ein Kinderreim mag inhaltlich nicht bedeutungsvoll sein, ja sogar dümmlich klingen. Er bringt keinen unmittelbaren Nutzen, sondern bezieht seine Wirkung einzig aus Klang und Rhythmus. Dennoch bietet der Reim in gewissem Sinne eine allererste Begegnung mit einer einfachen Ausdrucksform von Literatur und Musik – und das Kind fühlt sich im wahrsten Sinn des Wortes angesprochen. Die Bezugsperson, die Reim und Rhythmus vermittelt, steht mit dem Kind in einem engen und liebevollen Kontakt. Falls das kleine Wesen von einem großen Wesen den gleichen Reim oder das gleiche Liedchen immer wieder hören möchte, will es nichts »lernen« – vielmehr hat es das Bedürfnis, erneut ein Gefühl von Nähe, Klang und Rhythmus zu erleben, das ihm Wohlbehagen bereitet.

Bei Kniereiter-Versen spürt und erlebt das Kind, dass ein »Joggeli« vom galoppierenden Pferd fällt und ins Wasser plumpst – es selbst aber wird im wilden Ritt auf den Knien gehalten und beschützt, ihm geschieht nichts Übles. Urvertrauen ist ein mächtiges, bedeutungsschweres Wort. In einem allerersten, subtilsten Verwurzelungsprozess, im Keim, kann dieses Grundvertrauen sogar von einem besänftigenden Reim oder einem Kniereiter-Erlebnis genährt werden.

Der bekannte Schweizer Musiker und Komponist Heinz Holliger hat in einem Interview versucht, die Komplexität der kompositorischen und kreativen Arbeit in einfache Worte zu fassen: »Man geht in eine Welt, und die ist erst mal nur Klang. Dann schaut man: Wo will der Klang hin? Mit welchem Klang kann er sich vermischen, ohne dass beide zerstört werden? Das ist ein Vorgehen mit der Goldwaage.« Welche Klänge und Rhythmen haben sich mit unserem Wesen vermischt? Was macht die Melodie unseres Lebens aus?

Auch in anderen, sehr viel einfacheren Lebensverläufen muss man immer wieder hinhören und abwägen, wo der Klang des Lebens hin will und was zu tun ist, damit er nicht zerstört wird oder einen Begleitklang zerstört. Das Gefühl für Worte, Klang und Rhythmus kann sich schon in den ersten Lebensmonaten eines Menschen entwickeln. Und mit Sicherheit wird die Verbindung zwischen Mutter und Kind anders und dichter gewebt, als wenn die Mutter – das Smartphone am Ohr oder unter dem hektisch tippenden Daumen – über das Kind hinwegsieht, das in seinem Buggy sitzt und mit den Fingerchen ein sogenanntes Lernhandy bedient.

Gesundheit

∿

Wasser-Werke

Auf der Rückseite des Großeltern-Hauses befand sich ein mächtiges Bassin, eine Art Vorratsbecken für die Bewässerung von Pflanzen. Als ich mich einmal auf den steinernen Rand des Bassins setzte und gebannt in die Wassertiefe hinabblickte, wurde ich vom Großvater mit ungewohnt hartem Griff gepackt: An diesem Wasserbecken dürfe ich sich niemals aufhalten! Niemals! Denn unten auf dem Grund sitze der „Hakenmann" und warte nur darauf, empor zu schießen und mich mit einem mächtigen Eisenhaken zu sich in die Tiefe zu reißen. Ich erschrak, hielt mich fortan von diesem Bassin fern und schaute nur manchmal aus sicherer Distanz hin – ob der Hakenmann vielleicht doch einmal auftauchen würde, einfach so? Weshalb hauste er überhaupt ganz allein auf dem unergründlich tiefen Grund des Beckens – musste er sich da unten nicht oft schrecklich einsam fühlen? Wann immer später von Wassergeistern und mythischen Wasserwesen die Rede war, erinnerte ich mich an den Hakenmann, vor dem der Großvater mich hatte beschützen wollen.

Heilsame Bedeutung bekam das Wasser, wenn die Großmutter es zur Gesundheitspflege nutzte. Mit leicht gesalzenem oder mit einem Kräuterabsud angereichertem Wasser musste ich gurgeln, wenn ich Halsschmerzen hatte oder beim Schluckweh jeder gekaute Bissen Brot sich wie ein kantiger Kieselstein anfühlte.

Zu Großmutters Wassertherapien gehörten auch die Wadenwickel mit einem Gemisch aus Wasser und Essig. Im Bett wurde zunächst ein grosses Stück Wachstuch ausgelegt, um die Matratze vor Feuchtigkeit zu schützen. Dann wurden meine Beine von den Knöcheln bis zu den Kniekehlen dicht mit Leinentüchern umwickelt, die von der Großmutter in einem grossen, weiss-blauen Emailbecken in Essigwasser getaucht worden waren. Der Geruch des Essigs war angenehm, und ich konnte spüren, wie die Wickeltücher die Fieberhitze aus dem Körper zogen. In regelmäßigen Abständen kam die Großmutter, um die erwärmten Wickel zu erneuern, die für einen kurzen, durchaus angenehmen Kälteschock sorgten.

Ebenso angenehm fühlte es sich an, wenn die Großmutter ausgediente, weiche Waschlappen ins kalte Wasser tauchte, sie auswrang und mir auf die heisse Stirne legte. Die ableitende Wirkung der Essigwickel oder des Stirntuches verband sich mit der Fürsorge der Großmutter zu einem wundersam wirkungsvollen Therapiekonzept.

Das Leinsamen-Wunder

Wie gross die Wirkung von Großmutters Sachverstand und ihrer Zuwendung sein konnte, erlebte ich, als ich von der Krankheit »Namenlos« heimgesucht wurde. Ich nannte sie Namenlos, weil niemand sagen konnte, weshalb ich wochenlang vor Fieber glühte, weshalb mein Gesicht anschwoll, der Hals doppelt so dick wurde, und ich kaum mehr zu schlucken imstande war. Die Großmutter brachte mir Hühnersuppe oder Haferschleim, ich versuchte die Flüssigkeit mit einem Strohhalm aufzusaugen – und einmal hörte ich den Arztsagen, die Lage sei ernst und man müsse an einen Spitalaufenthalt denken.

Ob eine Wende in der Natur der Namenlos-Krankheit lag oder ob die Großmutter instinktiv die richtige Heilmethode gefunden hatte: Ihre Leinsamen-Auflagen trugen mit Sicherheit zur Heilung bei. Sie kochte geschrotete Leinsamen mit Wasser zu einem schleimigen Brei, füllte diesen in zwei Leinensäckchen, legte mir diese beidseitig vom Gesicht auf, sodass auch die Halsdrüsen gedeckt waren. Und dann bandagierte sie des Kopf, um die Leinsamen-Packungen zu fixieren. Waren diese erkaltet, wurde ich ausbandagiert, um gleich wieder mit warmen Leinsamen-Packungen versorgt zu werden. Woher die Großmutter die Kraft nahm, um den ganzen Tag über mit ihren Leinsamen-Säckchen zu mir zu eilen: Dies war ein noch größeres Rätsel als die Krankheit Namenlos.

Münchner-Dorli und Kneipp-Anwendungen

War ich krank, erlebte ich Zuwendung, aber ich wurde keineswegs verzärtelt. Wer gesund werden wolle, müsse sich bemühen, sich anstrengen, das Sinnvoll-Notwendige tun und gleichzeitig versuchen, sich mit dem Unabänderlichen anzufreunden – in diesem Sinne wurde das Kind belehrt.

Als erzieherisch wirkungsvolles Beispiel für eine gesunde Anpassungsleistung galt in der Familie das »Münchner-Dorli«. Das Mädchen aus München war gleich nach dem Ersten Weltkrieg von den Großeltern für einige Monate beherbergt worden, es sollte wieder zu Kräften kommen, neu eingekleidet werden und sich erholen – viele Schweizer Familien scheinen damals ein »Kriegskind« aufgenommen zu haben.

Das »Münchner-Dorli«, zu dem im Laufe der Jahre der Kontakt leider verloren gegangen war, litt ab und zu unter heftigen Heimweh-Anfällen, es vermisste seine bayrische Heimat. Oft wurde mir erzählt, wie man jeweils versucht hatte, das weinende Dorli zu trösten. Das Mädchen habe immer nur kurz durch die Nase geschnieft, mit dem Handrücken die Tränen abgewischt und dann altklug gesagt: »Ja mei, ma ka halt net alleweil fröhlich sein.« In dieser Dorli-Weisheit, so erschien es mir im Erwachsenenalter, steckte viel Selbstheilungsantrieb und innere Widerstandskraft. Heute nennt man das Resilienz.

Mit Hilfe zur Selbsthilfe hatte auch das zu tun, was die Großmutter als »Wasseranwendung« bezeichnete. Sie hielt nicht viel von selbst ernannten Gesundheits-Aposteln, die Empfehlungen des Pfarrers Sebastian Kneipp aus Wörishofen im Allgäu dagegen fand sie beherzigenswert. Meine Kinderfüße wurden zwar nicht in Kneipp-Reform-Sandalen gesteckt, aber man ermutigte mich, barfuß durchs taufeuchte Gras auf der kleinen Vorgarten-Wiese auf und ab zu gehen.

Bei Kopfschmerzen und leichteren Unpässlichkeiten kam mit Sicherheit das lauwarme Fußbad zur Anwendung. Eine Blechwanne wurde mit Wasser gefüllt, dem eine Handvoll grobes Meersalz beigegeben worden war. Bevor sich die Salzkörner im Wasser auflösten, massierten sie angenehm die Fußsohlen, und das Wasser schien alles Kränkelnde auf dem Weg über die Füße und Beine aus dem Körper heraus zu ziehen.

Manchmal fügte die Großmutter dem Fussbad auch einen Kräuterauszug bei. Entzückt war ich, wenn ich ausnahmsweise eine grosse Tablette aus der silbern glänzenden Staniol-Verpackung klauben durfte, die – sobald man sie ins Fußbad-Wasser gelegt hatte – geheimnisvoll zu sprudeln begann und intensiven Fichtennadelduft verströmte.

Reines Wasser ohne jeden Zusatz brauchte man fürs Kneipp-Armbad, das die Großmutter auf ihre eigene Art interpretierte. Eine ovale, hohe Wanne wurde mit kaltem Wasser gefüllt, man beugte sich vor und tauchte die nackten Arme bis über die Ellbogen und bis hin zu den Oberarmen ins Nass. Nach wenigen Sekunden musste man die Arme wieder hochziehen, das Wasser abschütteln und sich so bewegen, dass die Arme möglichst rasch trockneten und wieder bekleidet werden konnten.

Der Kältereiz, den das Wasser auf die zunächst warmen Arme ausübte und der Temperaturwechsel nach dem Auftauchen erfrischten den ganzen Körper – die Großmutter meinte, nach dieser Prozedur könne man sogar klarer denken. Sie stimmte durchaus Sebastian Kneipp zu, der meinte: »Gesund bleiben und lange leben will jedermann, aber die wenigsten tun etwas dafür.«

Sorgfältig mit dem hohen Gut Gesundheit umgehen und »verständig« leben: Auch der Großvater hielt sich an diese Maxime – und wenn er sich mit Männern in der Wirtschaft »Schwyzerhüsli« traf, trank er seinen Beaujolais-Rotwein mit Genuss, aber sehr massvoll. Dass erGroßvater an einer Krankheit mit dem grässlichen Namen Krebs leiden und sterben musste, sollte des Kindes Seelenlandschaft in schwere Erschütterung versetzen. Unvergesslich blieb die Szene in die Erinnerung verwebt, in der ich vor dem Krankenbett sass und den Großvater weinend fragte:

»Was sollen wir tun, was soll geschehen, wenn Du stirbst?«

Der alte Mann richtete sich auf, schaute mich strafend an und sagte:

»Kind, weisst Du denn immer noch nicht, was Gottvertrauen bedeutet?«

Jahre danach erfuhr ich beim Lesen der Dissertation einer befreundeten Studentin, dass das Adjektiv »fromm« einen sprachlichen Bedeutungswandel durchlaufen hatte. »Fromm« hatte ursprünglich die Bedeutung von »tapfer« gehabt. Des Großvaters Frömmigkeit war Lebenstapferkeit gewesen.

Wasser zur Entspannung

Dillsamen

Die Samen der Pflanze Dill gelten als beruhigend, krampflösend und wirksam bei Blähungen und Koliken. In Pharaonengräbern wurden unter den Grabbeigaben auch Dillsamen entdeckt, als Heilmittel, das selbst im jenseitigen Leben seine Wirkung zur Geltung bringen würde.

– Aus 1–2 Esslöffeln Dillsamen bereitet man einen Auszug vor, der dem Badewasser zugegeben wird. Die beruhigende, den Schlaf fördernde Wirkung verstärkt sich, wenn etwa eine Stunde vor dem Schlafengehen eine Tasse Dill-Tee getrunken wird.

Lavendel

Die Inhaltsstoffe der Lavendelblüten haben sich bewährt bei Einschlafstörungen, Unruhezuständen und den Auswirkungen von Stress.

– 100 g Lavendelblüten werden mit 2 l kochendem Wasser übergossen, 5 Minuten ziehen lassen, abseihen und den Absud dem etwa 37–38 Grad heißen Badewasser beigeben.

Was den Füssen gut tut

Abkochungen von Thymian, Zinnkraut oder Salbei wirken als Zusätze von Fußbädern entspannend und entkrampfend. Das ätherische Öl von Thymian hat überdies eine antibakterielle Eigenschaft, die gegen lästigen Fußschweiss angeht.

Wasser mit Leinsamen

Leinsamen-Packung

- 5 Esslöffel gemahlene Leinsamen in zwei Tassen Wasser weich kochen, die heiße Masse in ein Leinensäckchen packen und möglichst heiß auf die zu behandelnde Stelle auflegen. Die Auflagen mehrmals täglich erneuern, jeweils mit frisch zubereiteten gemahlenen Leinsamen.

Frisch gequetschte Leinsamen sind behutsame Helfer bei Verstopfung: Zwei- bis dreimal täglich 1–2 Teelöffel Samen 1–2 Stunden in einem Glas Wasser einweichen, dann schlucken. Der Anteil an Schleim und Öl unterstützt die Gleitfähigkeit des Darms.

Variante: Eine Stunde vor dem Frühstück 1 Tasse lauwarme Buttermilch mit einer Spur Honig und 1 Esslöffel frisch geschroteten Leinsamen oder Leinsamenmehl vermischen und trinken.

Reines, kalt gepresstes Bio-Leinöl hat einen hohen gesundheitlichen Wert. Man wird es jedoch nur in kleinen Dosen anwenden und lediglich einige Tropfen der Salatsauce beigeben oder einen Teelöffel Öl einer Portion Müesli oder Quark beimischen.

Die Leinsamen-Methode erfordert im Falle von Verstopfung etwas Geduld. Sie wirkt langsamer, aber eben auch behutsamer und nachhaltiger als ein chemisches Mittel.

Als Badezusatz macht Leinsamen die Haut weich und zart. Ungefähr 50 g gemahlene Leinsamen in ein Leinensäckchen einpacken, dieses solide zubinden, etwa 10 Minuten ins heiße Badewasser legen und das Wasser etwas umrühren.

Gesundheit

Als der Enzian brannte

Der Großvater war während vieler Jahre kaum jemals krank. Und weil er der festen Überzeugung war, Lebenszeit sei ein geschenktes Gut, mit dem man sorgsam umzugehen habe, erlaubte er sich auch dann keine Auszeit, wenn dies seiner Gesundheit vielleicht zuträglich gewesen wäre. Die Benediktiner-Klosterregel »Bete und arbeite« war ihm, dem Protestanten, durchaus aus der Seele gesprochen. Zur Tagesordnung, die er für eine solide Grundlage zur Gesunderhaltung von Leib und Seele hielt, gehörte die tägliche Lesung in der Bibel. Jeden Morgen las er in aller Frühe einen Abschnitt in der Familienbibel, die bis zum Abend aufgeschlagen auf der Kommode liegen blieb. Der Großvater erwartete nämlich, dass die Bibelstelle, mit der er sich frühmorgens beschäftigt hatte, von den anderen Familienmitgliedern ebenfalls gelesen werde.

»Wirket, so lange es Tag ist« war eines der Bibelworte, die in Großvaters Zitatenschatz ihren Platz einnahmen. Er gehörte nicht zu den Leuten, die man damals „Stündeler" nannte, weil sie mit den in der Bibelstunde aufgefangenen Bibelworten allzu freigebig und selbstgerecht um sich warfen. Für den Großvater bedeuteten einprägsame Bibelworte ganz praktische Leitlinien und Verhaltensnormen für den Alltag. Sagte ich bei Tisch über einen Schulgefährten oder jemanden aus der Nachbarschaft etwas Unfreundliches, wurde ich vom strengen Blick des Großvaters getroffen. Und ich wusste, dass nun das Bibelzitat »Wir sind allzumal Sünder und mangeln des Ruhms, den wir vor Gott haben sollten« erklingen würde. Ein Wort wie Donnerhall, eine unüberhörbare Lebensmaxime. Im Erwachsenenalter sollte ich noch manches Mal an diesen Großvater-Leitsatz denken:

Er schützte oft wie ein zuverlässiger Firnis vor Überheblichkeit und Selbstüberschätzung.

Er war also selten krank, der Großvater. Wenn er sich schlapp fühlte und sich dies ausnahmsweise auch eingestand, bereitete ihm die Grossmutter mit Rotwein oder Portwein, dem sie ein zerklopftes Eigelb untergemischt hatte, einen Krafttrunk zu. Dieser Trank schien allemal gut zu wirken. Unmittelbarer jedenfalls als der Lebertran, mit welchem das eher schwächliche Kind gekräftigt werden sollte. Näherte sich die Großmutter mit der verhassten dunkelbraunen Lebertran-Flasche und dem großen Suppenlöffel, rannte ich weg – seltsamerweise nie nach draußen, sondern stets den Esszimmertisch im Wohnzimmer umkreisend, verfolgt von der schimpfenden, prustenden Großmutter. Sobald sie zu sehr außer Atem gekommen war, gab ich meinen Vorsprung auf und ließ die Brechreiz erzeugende Lebertran-Tortur über sich ergehen.

Das für den Großvater zubereitete Wein-Ei-Gemisch im Glas roch nicht so grauslich wie der Lebertran und auch nicht so heftig wie der Enzian-Schnaps, von dem sich der Großvater dann ein kleines Glas einschenkte, wenn er Magenschmerzen hatte. Die Flasche wurde nur selten aus dem Büffet geholt, in dem auch die zahlreichen Schützen-Ehren-Preise in Zinn und Porzellan verwahrt wurden, die der Großvater an Schützenfesten »herausgeschossen« hatte. Er war ruhig, zielsicher und erfolgreich. Lief es bei einem Wettbewerb nicht wie erwartet und kam er nicht in die vorderen Ränge, suchte er für den Misserfolg eine Erklärung – die Sicht war schlecht gewesen, starker Wind hatte Einfluss genommen… Großvaters Rechtfertigungsversuche endeten aber immer mit einem Lachen und der Bemerkung: »Es ist einer ein schlechter Schütze, wenn er keine Ausrede findet.«

Einmal kam ich auf die Idee selbst, auszuprobieren, wie dieses Enzian-Wasser schmeckte. Ich kletterte auf einen Schemel, holte die Flasche mit der hübsch mit gelben Enzianblumen bedruckten Etikette aus dem Büffet, setzte mich an den Tisch, goss mir ein Weißweinglas vom Schnaps ein – um mich nach dem ersten, herzhaften Schluck förmlich auf dem Boden zu krümmen. Der Schnaps brannte höllenheiß in der Gurgel und schien alles, was im Bauch angesiedelt war, verbrennen zu wollen. Das Kind keuchte, heulte, trank Wasser, gurgelte unentwegt, aber der ekelhafte Gestank wollte einfach nicht aus dem Körper weichen. Und ihm war speiübel.

Erstaunlich war jedoch, dass nach dieser Enzian-Probe kein Großvater-Donnerwetter über mich niederprasselte, sondern dass sich der große alte Mann nur schwer ein Lachen verkneifen konnte und die empörte Großmutter beruhigte:

»Lass nur, das wird dem Kind eine Lehre sein. Es weiss jetzt auch, was man unter einer Schnapsidee zu verstehen hat.«

Als ich später in einem Karl May-Buch das Wort »Feuerwasser« las, schien wieder der schreckliche Feueratem vom Enzian-Schnaps in mir hochzusteigen. Und ich hatte tiefes Mitleid mit den Indianern, die von weißen Männern mit diesem brennenden Wasser ins Unheil geführt worden waren.

Trank und Tränklein

In alten Kochbüchern und in Anweisungen für gute und gesunde Haushaltführung finden sich erstaunlich viele Anleitungen für die Zubereitung von Likören, Heilschnäpsen und Gesundheitstränklein für Herz und Nieren, Magen und Nerven. Diese altväterischen Rezepte mag man heute belächeln, sollte aber auch bedenken, welch bedeutungsvolle Rolle dem Trunk in der Geschichte der Menschheit zukommt. Der Trunk des Philosophen Sokrates, das Met-Horn der Wikinger und Germanen, der Trunk beim letzten Abendmahl der Jünger Christi, historisch beglaubigte Versöhnungstrünke, Siegestrünke, Verbrüderungtrünke, Trink-Mutproben zur Rettung einer Stadt, Liebestrünke in Legenden und Märchen. Die Bedeutung eines kraftspendenden Trunkes wird humorvoll persifliert, wenn in den Asterix und Obelix-Cartoons der Trank des Druiden Miraculix den Protagonisten übernatürliche Kräfte verleiht.

Überdies kann man sich in diesem Zusammenhang auch gleich vergegenwärtigen, wie ausgedehnt in der heutigen Zeit der Markt ist, auf dem Kräftigungsmittel aller Art angeboten werden. Vitaminmischungen und Vitalstoffe aller Art sollen uns in kurzer Zeit in energiegeladene, unangreifbar gesunde und hochleistungsträchtige Individuen verwandeln. Wir sollen uns nicht nur gut, sondern besser und noch besser als besser fühlen – weil uns das offenbar zusteht. Gegen solche Kraftprotz-Angebote nehmen sich die alten Heiltrank-Rezepte höchst bescheiden aus. Sie versuchen mit vergleichsweise einfachen Mitteln und Zutaten, etwas herzustellen, das sich heilsam und aufbauend auswirken soll.

Der Arzt und Schriftsteller Eckardt von Hirschhausen liegt wohl richtig, wenn er schreibt: »Bei den Allermeisten von uns existieren mehrere Denk- und Glaubenssysteme munter nebeneinander: Das intuitive Bauchgefühl und das kühle

Kopfsystem, das die Dinge systematisch hinterfragt.« Ob ein aus Kräutern und Wein zusammengesetzter Heiltrank oder ein intensiv und nach allen Regeln der Marketing-Kunst beworbenes Medikament: Immer sind die beiden Glaubenssysteme mit im Spiel.

Und sehr oft verschafft sich ein nicht klar zu definierendes drittes Element Geltung. Irgendein Wort spricht uns an, eine Erinnerung oder ein Bild flackert auf. Wir meinen vielleicht, uns nach klaren Kriterien und mit dem uns zur Verfügung stehenden Menschenverstand entschieden zu haben, dennoch haben wir uns auf der emotionalen Ebene beeinflussen oder berühren lassen. In Studien ist nachgewiesen worden, dass die Wirksamkeit eines Medikaments positiv beeinflusst werden kann, wenn der Arzt oder Apotheker die Packung oder die Schachtel mit einer freundlichen Geste und einem aufmunternden Wort aushändigt – und der gegenteilig-negative Effekt kann eintreten, wenn der Apotheker selbst nicht so ganz überzeugt ist von der Qualität des Produktes. Oder wenn der Arzt den Patienten spüren lässt, dass er an ihm als einem Routinefall nicht sonderlich interessiert ist. Ob also das Tränklein oder das moderne Medikament eine heilsame Wirkung erzeugen, hängt weitgehend von der Feinmotorik der Seele und von nicht quantifizierbaren, haarfeinen Interaktionen und Schwingungen der betroffenen Personen ab.

Herz- und Kreislaufweine

Schafgarben – Herzwein

Zutaten:
Zwei Handvoll frische Schafgarbe
zwei Handvoll frische
gehackte Melisseblätter
1 Esslöffel getrocknete
geschnittene Baldrianwurzel
1 Teelöffel geschnittene Zimtrinde
1 Liter guten Rotwein

– Alle Zutaten mit dem Rotwein in einer Glasflasche mit weitem Hals
ansetzen und in der gut verschlossenen Flasche 3 Wochen lang ziehen
lassen.
– Danach abseihen und in eine dunkle Medizinflasche füllen.

Dosierung: 2 Likörgläschen täglich. – Die Inhaltsstoffe der Schafgarbe
wirken krampflösend, sie regen die Magen- und Gallenresektion an und
stärken das Herz.

Petersilien-Herzwein nach Hildegard von Bingen

Zutaten:

300 g Petersilie
1 Esslöffel Weissweinessig
500 g Honig
2 l guter, trockener Weißwein oder Malaga

Zubereitung:

- Die gewaschene Petersilie mitsamt den Stängeln klein schneiden und zusammen mit dem Wein, dem Weinessig und dem Honig kurz aufkochen und dann 15 Minuten ziehen lassen.
- In ausgekochte dunkle Flaschen abfüllen, im Kühlschrank aufbewahren.

Dosierung: 2 Likörgläschen täglich.

»Petersil hat vil der kraft« liest man im Kräuterbuch des Johannes Hartlieb aus dem Jahre 1435. Petersilie ist reich an Vitalstoffen, insbesondere auch an Chlorophyll. Die Wirkstoffe der Pflanze stärken sowohl den Magen als auch das Herz.

Meisterwurz-Wein gegen Erkältungen

Zutaten (für 2 Portionen):

1 Teelöffel Meisterwurz (erhältlich in Apotheke oder Drogerie)
2 dl Malaga

Zubereitung:

- Meisterwurz in kleine Stücke grob zerstoßen und über Nacht in einem halben Glas Malaga einlegen. Am nächsten Morgen die andere Hälfte des Weins beigeben.
- Meisterwurz abseihen. Den Meisterwurz-Wein tagsüber in kleinen Schlucken trinken.

Die nach Sellerie duftende, widerstandsfähige Meisterwurz ist etwas in Vergessenheit geraten, wurde aber von Hildegard von Bingen als Heilmittel gegen Erkältungskrankheiten und Husten sehr geschätzt.

Die Inhaltsstoffe der Pflanzen wirken überdies auch gegen Verdauungsstörungen und Übersäuerung.

Knoblauch-Schnaps nach
Schwester Bernhardine (Franziskanerin)

Zutaten:

3 grosse, wenn möglich frische Knoblauchzehen
0,5 l guter Branntwein

Zubereitung:

– Die Knoblauchzehen mit der Fläche eines großen Messers etwas andrücken, mit dem Branntwein ansetzen und 15–20 Tage ziehen lassen, dann abseihen und in eine dunkle Flasche geben. Dosierung: Vor jeder Mahlzeit 25 Tropfen in einem kleinen Glas Wasser trinken.

Die Inhaltsstoffe der Knoblauchzwiebel wirken u.a. antibakteriell und üben bei altersbedingten Gefäßveränderungen eine gewisse Schutzwirkung aus. Sein intensiver Geruch – in der Antike war Knoblauch als Würzmittel sehr beliebt –ließ früher die Menschen vermuten, dass er böse Geister abzuwehren vermöge. In bestimmten Gegenden Deutschlands war es lange Zeit Sitte, dass der Bräutigam an der Hochzeit Knoblauch in seiner Hosentasche mit sich trug, um eifersüchtige und bösartige Elfen fernzuhalten.

Knoblauch-Kräuter-Öl

Zutaten:

Je 1 kleines Büschel frischen Basilikum
Zitronenmelisse und Thymian
2–3 Knoblauchzehen,
6–8 schwarze, zerstoßene Pfefferkörner
¾ l erstklassiges, kalt gepresstes Olivenöl

Zubereitung:

– Die frischen Kräuter abbrausen und trocknen lassen, mit den geschälten und etwas zerquetschten Knoblauchzehen in eine Flasche mit grosser Öffnung füllen und das Öl darüber giessen. Flasche verkorken und zwei bis drei Wochen stehen lassen. Danach das Kräuter-Öl filtrieren und in eine geeignete Flasche füllen, an einem kühlen Ort aufbewahren.

Das ebenso bekömmliche wie würzige Öl veredelt jeden Salat oder kann – in eine Sprühflasche gefüllt – über einen Tomaten-Mozzarella-Teller gesprayt werden.

Kräuter-Milch

Zutaten:

Eine Handvoll frische Kräuter, gemischt
(z.B. Petersilie, Minze, Zitronenmelisse, Liebstöckel usw.)
1 Bund Schnittlauch
Saft einer halben Bio-Zitrone
1 Prise Zucker
2 Teelöffel geriebenen Meerrettich
¼ l Buttermilch
0,5 l Milch
1 Prise Salz

Zubereitung:

- Die Kräuter etwas klein schneiden, mit allen anderen Zutaten in einen Mixbecher geben und durchmixen, bis die Flüssigkeit schaumig wird. Dosierung: Sofort trinken – erfrischt und stärkt.

Bloody Mary (alkoholfrei)

Zutaten:

¼ l Bio-Tomatensaft
1 Stück Stangensellerie
1 Knoblauchzehe
1 Esslöffel Sojasoße
Saft von 1 Bio-Zitrone
1 Messerspitze Cayenne-Pfeffer

Zubereitung:
– Stangensellerie (falls nötig) schälen und in kleine Stücke schneiden, mit der geschälten Knoblauchzehe und allen anderen Zutaten im Mixer verflüssigen. In eine Flasche geben und einige Minuten in den Tiefkühler legen, dann in Gläsern servieren.

Bloody Mary wurde 1921 zum ersten Mal serviert und wurde bald ein Cocktail-Klassiker. In der alkoholfreien Version ist dieser Drink das, was man einen »Aufsteller« nennt.

Senkrecht-Starter

Zutaten:

1 Tasse Alfalfa-Sprossen
2 Tassen frisch gepressten Orangensaft
2 Esslöffel Sesampaste
Je nach Geschmack eine Spur Honig

Zubereitung:
– Zuerst etwas Flüssigkeit in den Mixer geben, dann die restliche Flüssigkeit mit sämtlichen Zutaten beifügen und zu einem geschmeidigen Trank mixen. Falls dieser etwas zu kompakt ist, mit etwas stillem Mineralwasser verdünnen.

Rosmarin-Tinktur (äusserlich)

Zutaten und Zubereitung:

- 5 g frische Rosmarinnadeln mit 15 g Weingeist in eine Literflasche geben und mit Wasser auffüllen.
- Während 8 Tagen an die Sonne stellen, danach Flüssigkeit filtrieren und in eine Medizinflasche füllen.

Anwendung: Einreibungen bei rheumatischen Beschwerden und zur Anregung von Durchblutung und Kreislauf.

Dank, unsichtbarer Arzt, für deine stumme, tröstliche Arznei,
deinen Tag und deine Nacht, deine Wasser und deine Lüfte,
für die Ufer, das Gras, die Bäume und selbst für das Unkraut.

(Walt Whitman)

Theriak-Wein

Der Theriak-Wein ist ein hervorragendes Beispiel für das menschliche Streben nach einem Allheilmittel und den unablässigen Versuch, Krankheiten zu verbannen und möglichst problemfreies Wohlbefinden zu erlangen. In der Antike wurden dem Theriak Zutaten beigemischt, die Vergiftungen durch Tierbisse verhindern sollten. Im Verlaufe der Jahrhunderte wurde mit Theriak auch in der umgekehrten Richtung experimentiert und der Medizinalwein gegen Vergiftungen eingesetzt. Deshalb sollte er vorbeugend gegen Giftanschläge eingenommen werden. Im Theriak spiegelt sich im kleinen Rahmen das Auf und Ab menschlichen Forschens und ebenso die Abgründe menschlichen Denkens und Strebens.

Das Theriak-Wein-Rezept eines erfahrenen Kräuterkundigen erhebt nicht den Anspruch, ein Allheilmittel zu sein. Dieser Trunk dient lediglich dem Wohlbefinden und besänftigt die Magennerven. Überdies zeigt dieses Rezept einmal mehr, wie viel die Natur an Heilmitteln zu bieten hat.

Zutaten:

1 g Ringelblumenblüten

5 g Blutwurz

9 g Kalmus

10 g Engelwurz

3 g gemahlene Muskatnuss

5 g Enzianwurzel

3 g Kardamom

3 g Zimtrinde

7 dl Malaga (spanischer Süßwein)

Zubereitung:

- Alle Zutaten mit dem Malaga in einem geeigneten Gefäß ansetzen und zwei bis drei Wochen ziehen lassen.
- Dann die Flüssigkeit abseihen und in eine dunkle Flasche füllen.

Dosierung: Mit Verstand und Bedacht trinken – 1 Likörgläschen täglich.

Staub und Goldstaub

Die Kraft des Heute

Die Trauerfeier ist zu Ende. Im Saal brennen vorne auf einem Tisch die schmalen Kerzen, die wir im Gedenken an den verstorbenen Freund angezündet und in die mit Sand gefüllte Schale gesteckt haben.

Die Kerzenlichter sollen Zeichen der Hoffnung und der Zuversicht sein, hat der Trauerredner gesagt. Ein schönes Bild, das häufig verwendet wird, wenn Worte an ihre Grenzen gekommen sind.

Aber hier ging es doch nicht allein um Kerzenlichter, da war auch Sand. Ebenfalls ein Symbol. Vielleicht für das Leben, das wie trockener Sand verwirbelt werden kann, sobald ein starker Windstoss bläst. Oder der feine Sand, der im Stundenglas vom oberen in den unteren Kolben rieselt, stetig und unaufhaltsam.

Das Leben geht weiter. Gut, dass uns der Redner mit diesem Spruch aus dem Konversationslexikon der Trauer verschont hat. Im Augenblick geht das Leben für uns insofern weiter, als wir zu einem Imbiss im nahen Restaurant eingeladen sind. Die eine Hälfte der Seele möchte wegrennen und allein sein. Die andere Seelenhälfte weiss: Das Beieinandersein nach der Trauerfeier ist wichtig, der erste Schluck Wein, der erste Bissen Brot haben Bedeutung. Wir setzen uns an die langen Tische, wir essen und trinken, sprechen vom Freund, der nicht mehr mit uns am Tisch sitzt. Eines nahen oder fernen Tages werden wir alle sterben – aber an allen anderen Tagen nicht. Und das Heute ist hier und jetzt. Wir heben das Glas, stossen an, zum Wohl! Auf unsere, deine und meine Gesundheit.

Allmählich wird es Zeit zum Aufbruch, das war ein langer und schwieriger Tag. Die Frau unseres Freundes steht in der Nähe der Ausgangstüre. Erschöpft sieht sie aus, aber gefasst und mit Würde hält sie all den Beileidsbezeugungen und aufmunternden Worten stand, den teilnehmenden und doch so unbeholfenen. »Sei tapfer, du bist ja eine starke Frau«, sagt ein Mann und legt ihr seine Hand auf die Schulter. Ein kleines Lächeln huscht über das Gesicht der Frau:

»Ob ich das bin, was man eine starke Frau nennt – ich weiss es noch nicht. Ich halte mich vorerst an eine Redewendung meiner Schwiegermutter, die nicht immer ein leichtes Leben und mit Schwierigkeiten zu kämpfen hatte. Sie pflegte zu sagen: »Meine Kraft muss nur für den heutigen Tag reichen. Morgen bekomme ich neue.«

Dieser eine, in seiner ganzen Schlichtheit ergreifende Satz: Er würde auch einem biblischen Psalm gut anstehen oder könnte als Aphorismus eines großen Denkers durchgehen.

»Meine Kraft muss nur für den heutigen Tag reichen. Morgen bekomme ich neue«:

Ein Satz, den man im Herzen drehen und wenden kann. Teil du deine Zukunftsängste in Tagesrationen ein, verschleudere nicht mit Voraus-Ängstigungen deine Lebensenergie. Nimm das Heute an, lebe es – und morgen ist wieder ein neuer Tag.

Auf dem Weg nach Hause fällt mir aus dem Reservoir der Erinnerung unvermittelt ein Vers von Eduard Mörike zu, den ich mir in ferner Jugend eingeprägt hatte:

»Ein Tännlein grünet wo,
Wer weiss, im Walde.
Ein Rosenstrauch, wer sagt,
In welchem Garten?
Sie sind erlesen schon,
Denk es, o Seele,
Auf Deinem Grab zu wurzeln.«

Das Tännlein, lass es grünen. Den Rosenstrauch, lass ihn wachsen.

Für den heutigen Tag ist noch Kraft da. Und morgen bekomme ich neue. Dies steht zu hoffen.

8.2

In der Grotte der Makula

Freundliche Pflegerinnen oder Pfleger haben uns gelbe Häubchen aufs Haupt gestülpt, uns in umhangartige Kittel aus gelbem Vlies gehüllt und eine Decke über uns gebreitet. Wir befinden uns in einem Raum oder aber im Flur auf fahrbaren Liegebetten – gelbliche Engerlinge im Untergeschoss des Augenspitals, die darauf warten, von einer grünlich verpuppten weiblichen oder männlichen Medizinperson mit einem Stich ins Auge behandelt zu werden.

Für kurze Zeit sind wir Verbannte in der Unterwelt-Grotte der Makula. Der mächtigen Mater »Makula«, die das Zentrum unserer Netzhaut bildet, welches so entscheidend ist für unsere Fähigkeit, klar und deutlich zu sehen. Wir alle, die man hier unten aufgebahrt hat, sind von der Makula angegriffen worden. Sie tarnt sich mit dem Kürzel AMD, was »Altersbedingte Makula-Degeneration« heißt und uns hämisch daran erinnert, dass unsere Augenerkrankung wohl auch mit unserem genetischen Grundmuster, aber vorrangig mit unserem hohen Alter zu tun hat. Makula macht uns feixend darauf aufmerksam, dass wir ein Stück weit Makulatur geworden sind. Makulatur ist beschriftetes Papier, das an Bedeutung verloren hat und ausgesondert werden kann.

Aus dem Warteraum dringt seltsam rhythmisches Stöhnen. Der Pflegefachmann beruhigt mich:

»Nein, diesem Patienten fehlt nichts. Der tut nach der Behandlung immer so.«

Weshalb? Es bleibt keine Zeit mehr für eine Antwort, mein Liegebett wird dem Flur entlang geschoben und dann in einem Behandlungszimmer parkiert. Folgsam repetiere ich meinen Namen und bestätige, dass das linke Auge behandelt werden soll. Ich lasse mir das Areal rund ums Auge steril reinigen, der Augenbrauenbogen ist nackt und ich fühle mich insesamt irgendwie nackt und warte

213

auf den Einstich mit der Substanz, die ein weiteres Eingreifen der Makula nach Möglichkeit in Schach halten soll.

Mein Blick ist von den Substanzen, die man mir ins Auge hat tröpfeln müssen, arg verschleiert – aber man hilft mir, mich nach der Behandlung aus der Engerling-Umhüllung heraus zu schälen und wieder als menschliches Wesen auf den Füssen zu stehen.

Und nun sitze ich im Vorraum der Makula-Grotte. Zusammen mit anderen »Makulatur«-Menschen, die hier nach der Behandlung wieder stabil und zu sich selbst kommen sollen. Wer mag, bekommt einen guten, glühend heißen Kaffee angeboten – und unversehens wird es im Raum beinahe stammtischartig behaglich. Ein alter Mann erzählt, dass er heute nun zum 33. Mal zu einer Injektion angetreten sei – meine Güte, schon 33 Mal in dieser Makula-Grotte. Man tauscht Erfahrungen aus, es wird über die zuweilen mangelnde Kommunikationsfähigkeit von Ärzten gesprochen und darüber, ob bei AMD allenfalls eine Staroperation eine Verbesserung des Sehvermögens bringen könne. Die Diagnose AMD ist schlimm, sie löst Ängste aus, aber es gibt noch weit schlimmere gesundheitliche Einbrüche. Wie würden wir uns fühlen, wenn wir uns mit einer Krebs-Diagnose konfrontiert sähen?

»Ja, so in dieser Richtung hat auch mein Hausarzt gesprochen, als er mir erklärte, was es mit AMD auf sich hat«, wirft eine Frau ein, deren rötlicher Wuschelkopf im mehrheitlich grauen Haar-Panorama in der Makula-Grotte für etwas farbliche Abwechslung sorgt.

»Ich habe schon verstanden«, führt sie weiter aus, »was mir der Arzt vermitteln wollte, gleichzeitig war ich aber aufgebracht. Na gut, Sie haben Recht, sagte ich zum Doktor, aber mein Zahnweh ist mein Zahnweh, es tut mir weh, niemand anderem.«

Wir lachen. Aber diese Frau ist ganz nah beim dichtenden Pfarrer Jeremias Gotthelf, der in einem seiner Geschichten mahnt, in leidvollen Zeiten und belastenden Lebenssituationen solle man an all die vielen anderen Menschen denken, deren Last noch schwerer zu tragen sei als die eigene. Der Theologe fügt jedoch mit lebenserfahrener Verständnisinnigkeit bei:

»Aber was me grad het, isch geng d'Schlimmst.« Mein Zahnweh ist mein Zahnweh.

Eine hagere Frau mit freundlichen Augen im faltenreichen Gesicht umfasst mit beiden Händen den Knauf ihres Gehstocks und sagt unvermittelt:

»Ich habe sieben Kinder geboren und gross gezogen. Das war schwierig, wir mussten unten durch, mein Mann und ich. Ich habe geputzt, ich habe jahrelang Zeitungen ausgetragen. Ich bin heute stolz, dass wir es geschafft haben, und dass alle unsere Kinder einen soliden Beruf erlernen konnten und nun gut durchs Leben kommen.«

Es ist still geworden im Vorraum der Makula-Grotte. Was für eine kluge Frau. Sie wollte uns nicht belehren, ganz gewiss nicht. Sie hat nur von ihrem Leben erzählt. Und uns so bewusst gemacht, dass wir nicht zulassen sollten, dass Makula unser aller Leben allzu sehr terrorisiert. Schlimm genug, dass sie unser Seh-Zentrum geschädigt hat. Sie darf nun nicht auch noch das Zentrum unserer Seele beherrschen, die Sehfähigkeit der Augen unseres Herzens beeinträchtigen und uns mit Wehleidigkeit bestrafen.

Die Ruhezeit ist um, wir werden mit dem Lift nach oben gefahren. Durch die hohen Fenster vom Empfangsraum der Augenklinik fällt Sonnenlicht ein.

8.3

Das Lied der Gurke

Jahrzehnte sind vergangen, seitdem ich bei einer bekannten Basler Malerin zu Gast war. Damals wohnte sie in einem herrschaftlichen Barock-Bau in der Altstadt. Um zu ihrer Wohnung zu gelangen, musste man eine breit angelegte, edel geschwungene Treppe emporsteigen – um dann in einem mächtigen, hohen Raum anzukommen, der von Bildern dominiert wurde. Bilder an den Wänden, Bilder und noch unbemalte, auf dem Boden gestapelte Leinwände, leuchtende Farben, ein urwaldähnliches Dickicht aus Kreativität und unbändiger Schaffenslust.

Wie sollte ich das alles in einen kurzen Zeitungsbeitrag packen? Ich war nicht hier, um einfach zu schauen, ich sollte ja schreiben, beschreiben. Die Künstlerin spürte wohl etwas von der Konsternation, die mich angesichts dieser Fülle von Eindrücken überfallen hatte. Liebenswürdigerweise schlug sie vor, wir sollten uns doch vor dem Interview zu einem kleinen Imbiss an den Tisch setzen.

Die hoch gewachsene Frau, deren apartes Gesicht von einer riesigen, rot umrandeten Brille akzentuiert wurde, verschwand in ihrer Küche. Sie kam zurück mit einem Korb, in dem alles bereit lag, was sie anbieten wollte. Auf einem Brett legte sie sorgfältig Salamischeibchen und Käsestücke aus, Brot und Rotwein kamen auf den Tisch.

Und dann die Gurke: Die Malerin umfasste das schlanke Gebilde mit der Gebärde einer Hohepriesterin, die im Begriff ist, eine Opfergabe darzubringen. Dann griff sie nach dem Schälgerät, um mit langsamen, rhythmischen Bewegungen die grünen Schalenstreifen von der Gurke abzuheben. Da wurde nicht einfach eine Gurke geschält, da schien es um eine heilige Handlung zu gehen, um Ehrfurcht vor der Schöpfung in Gestalt einer Salatgurke. Ich begann zu ahnen, dass diese ehrfürchtige Ergriffenheit auch in jenen Bildern zur Geltung kommen wollte, auf denen die Malerin mächtige, kraftstrotzende Kohlköpfe dargestellt hatte. Diese Kohlköpfe waren nicht einfach perfekt gemalte Abbilder einer Gemüsesorte, sondern ein Sinnbild für die Gestaltungskraft der Natur.

So gut es mir eben möglich war, versuchte ich, meine Eindrücke vom Besuch bei der Malerin in meinem Zeitungsartikel einzubinden. Das Bild von der Gurke jedoch, jene stumme »Ode an die Gurke«, bekam in meinem Schatzhaus der Erinnerungen einen festen Platz. Das lange zurückliegende Erlebnis wurde unvermutet wieder ganz gegenwärtig und vielfach verdichtet, als mir neulich der Text einer Vernissage-Ansprache in die Hände kam. Die Tochter der Malerin – eine Psychoanalytikerin – hatte diese Rede vor ziemlich genau 25 Jahren zur Eröffnung einer ihrer Mutter gewidmeten Ausstellung gehalten. Sie beschrieb in ihrer Ansprache das Werk der Künstlerin, erzählte aber auch von der Frau, die sie als Mutter erlebt hatte. Das Kindsein, so berichtete sie, sei bei dieser Frau eine ebenso faszinierende wie anstrengende Angelegenheit gewesen.

»Wenn ich mit ihr zusammen Gemüse putzte, dann brach sie regelmäßig in Entzückensrufe aus, und begeistert beschrieb sie mir violette Auberginen als Skulpturen, die so sinnlich seien wie jene von Henry Moore…Bereiteten wir eine Peperonata vor und ging es ans Aufschneiden einer Peperoni, dann sagte sie ganz aufgeregt zu mir:

»Schau, wenn ich jetzt diesen Schnitt tue, dann öffnet sich etwas, was noch niemals zuvor ein Mensch vor uns gesehen hat. Das ist ein richtiger Tempel, ein Heiligtum, und wir sind die ersten Wesen, die das Allerheiligste betreten dürfen.«

Aber ja, als Nicht-Künstler und Alltagsmenschen ist es uns nicht gegeben, uns immer neu dem Entzücken über die formvollendete Glätte einer Aubergine oder das Innenleben einer roten oder grünen Paprika hinzugeben. Eine Peperonata ist halt eine Peperonata, die zubereitet werden will, und eine Gurke möchten wir in einen Gurkensalat transformieren. Und doch: Sollte der Künstler Joseph Beuys mit seinem großen Wort »Jeder Mensch ist ein Künstler« auf der richtigen Spur sein, dann sind wir doch auch fähig, Kunst in unserem Alltag wahrzunehmen oder zumindest zu erahnen. Dann können auch wir eine violette Aubergine oder eine prallrote Tomate, dann können wir einen Pfirsich mit seinem kinderzarten Flaum oder einen vielfach gefächerten Kohlkopf als Kunstwerke der Natur erkennen und würdigen. Die wenigen Sekunden, die wir dieser Wahrnehmung zubilligen, bereichern das Leben. Und die Gurke in unseren Händen singt ein Lied.

Friedhof-Informationen

Er war ein wunderbarer, weil von innerer Heiterkeit beseelter Gymnasiallehrer. An der Universität hatte er den Lehrstuhl für Petrografie inne, er kannte die Entwicklungsgeschichte, die Zusammensetzung und die Lebensbewegungen von Gesteinsarten – und man fragte sich, weshalb er sich auch noch mit Schülerinnen quälen musste, die oft zu geistesträge oder zu unbegabt waren, um seinem Chemie- und Physikunterricht zu folgen.

Er gehörte zu jenen seltenen Lehrpersonen, die den Schüler oder die Schülerin nicht allein aus dem Blickwinkel des eigenen Fachgebietes beurteilen, sondern sich auch für deren Leistungsfähigkeit in anderen Fächern interessieren. Die Maturität sollte nach seinem Dafürhalten nicht allein mit Fleiß und einem guten Notendurchschnitt erreicht werden können, sondern es sollte doch auch ein Hauch von Begeisterung und Dankbarkeit für das Bildungsangebot mitschwingen.

An einem Abend im Klassenlager erklärte der Professor für Petrografie uns Mädchen, dass er an jedem Ort gleich nach der Ankunft als erstes den Friedhof aufsuche.

»Ich sehe mir die Steine an, aus denen die Grabmäler gehauen worden sind. Sie erzählen mir, wo sie gewachsen sind, woher sie stammen. Ich gehe zwischen den Grabreihen durch und stelle fest, welche Familiennamen besonders häufig vorkommen und also in der Gegend angesiedelt sind. Der Friedhof stimmt mich ein auf den jeweiligen Ort – sei dies nun ein bescheidener Bergfriedhof oder der Friedhof einer Großstadt mit repräsentativen Grabmälern.«

Wahrscheinlich haben wir damals dumm gekichert, als Professor B. von seinen Friedhof-Exkursionen erzählte. Mit dem Faszinosum Friedhof konnten wir nichts anfangen. Aber wenige Jahre später stellten wir bei unseren Ehemaligen-Begegnungen fest: Die eine oder andere von uns besuchte sehr wohl Friedhöfe, der Gottesacker-Initiation des alten Lehrers folgend.

Die Lebensgeschichte der Steine kann ich zwar nicht lesen, wenn ich auf Friedhof-Wegen gehe. Aber ich versuche zu verstehen, was die Form und die Gestaltung des Grabsteines sagen möchte – vielmehr, was die Familienmitglieder als Hinterbliebene damit zum Ausdruck bringen wollten. Auf alten Dorf-Friedhöfen findet man zuweilen noch Grabinschriften, mit denen die einstige gesellschaftliche Bedeutung eines Mannes hervorgehoben oder darauf hingewiesen wird, welcher Platz einer Frau zugestanden hatte. Was lernen wir daraus? Dass auch der hoch geschätzte Herr Oberrichter oder die Witwe des angesehenen Posthalters vom Ort XY diese Welt haben verlassen müssen. Berührend ist die Inschrift auf einem alten Friedhof in Österreich, möglicherweise von St. Peter in Salzburg. Da ruht ein auf dem Grabkreuz in goldener Schrift als »Jungfrau« bezeichnetes weibliches Wesen, »beweint von ihrem einzigen Sohn.« Wie ist wohl die Lebensgeschichte dieser Frau verlaufen? Und war es ihr Sohn, der ihr mit dieser ungewöhnlichen Grabinschrift die Ehre erweisen wollte – allen Konventionen zum Trotz?

Die Grabsteine im Friedhof am Hang hinter meiner Dorfkirche müssen, der Friedhofsordnung entsprechend, in ihrer Dimension einer Norm entsprechen. Ausgenommen sind Familiengräber, die etwas mehr Gestaltungsfreiheit erlauben und sich etwa mit einem Familienwappen oder einem sinngebenden Emblem schmücken dürfen. Gerne würde ich zusammen mit meinem alten Lehrer durch die Grabreihen gehen und ihn um seine Meinung fragen: Wie kommt es, dass sich auf der Fläche vor vielen, streng genormten Grabsteinen da und dort eine ganz eigene Grabkultur-Welt entwickelt? Da sieht man etwa weinende oder aber fröhlich tanzende Engelchen und Seelen-Vögelchen. Es wurden Kunststeinherzen mit Inschriften niedergelegt oder man hat die Bepflanzung mit einer großen Blume aus Kunststein bereichert.

Bringt das Dekorieren des Grabes Trost, hilft es den Händen und dem Herzen, wenn nicht nur ein Blumenstrauß in die Grab-Vase gestellt wird, sondern ein Zeichen gesetzt werden kann? Vor Jahren kam ich mit dem damaligen Friedhofsgärtner, einem gütigen und lebensklugen Mann, ins Gespräch. Er erzählte von einem Vater, der ihn gebeten hatte, ein prall gefülltes Geldbeutelchen in den Sarg seines verstorbenen kleinen Mädchens zu legen – »damit es sich ab und zu einen Kaugummi kaufen kann, den mochte es doch immer so gerne.« Der Friedhofsgärtner blieb ernst, als er mir die Szene schilderte. Beide dachten wir an die Grabbeigaben, die Menschen schon vor Jahrhunderten, ja vor Jahrtausenden den Verstorbenen auf ihrer Reise von der diesseitigen in die jenseitige Welt mitgegeben worden waren.

Der Friedhof und seine Steine sprechen – man muss nur genau hinhören. Vor wenigen Wochen hat der Gottesacker sogar sehr direkt zu mir gesprochen. Am Stein eines neu angelegten Grabes wurde eine Tafel angebracht, auf der sogar aus einiger Distanz zu lesen steht:

»Lebe, wie du, wenn du stirbst, wünschen wirst, gelebt zu haben.«

Ein Gedanke, ein zum Wort gewordener Findling, den ich nicht mehr fortrücken kann, sondern nun ständig werde umkreisen müssen.

8.5

Das Glückslos oder: Was wäre, wenn?

Silvester, wir sitzen beieinander, Nachbarn und Freunde, wohlig umhüllt von einem gegenseitigen Einvernehmen, das in Jahren gewachsen ist und Bestand bekommen hat. Wir haben gut gegessen und wollen nun gemeinsam auf den Jahreswechsel warten, um dann beim Läuten der Mitternachtsglocken miteinander anzustoßen und uns Glück zu wünschen.

Eine der Frauen hat eine kleine Überraschung vorbereitet: Sie verteilt an jeden am Tisch ein Glückslos, hübsch in ein Geschenkpapier eingewickelt und mit einem Glückskäfer aus Schokolade geschmückt. Wir freuen uns, niemand kann sich dem plötzlich auftretenden Spannungs-Kick entziehen. Die Lose werden ausgepackt und jeder beginnt an der vorgegebenen, geschwärzten Stelle so heftig zu rubbeln und zu reiben, was die Daumennagel-Kante hergibt. Das ist ja als Silvester-Spass gedacht, grundsätzlich halten wir alle nicht viel vom Glücksspiel…, nun ja, der in Aussicht gestellte, satte Geldgewinn, dazu würde man gewiss nicht nein sagen.

Die Rubbel-Aktion ist rasch beendet, niemandem ist die richtige Zahlenkombination zugefallen. Wir lachen, einer kommt auf die Wahrscheinlichkeitsrechnung im Bereich der Lottogewinne zu sprechen, das war's dann. Die Frau, die uns die Lose geschenkt hat, bleibt seltsam stumm. Und sagt dann ganz betreten:

»Gerade eben habe ich begriffen, dass ich fürchterlich wütend geworden wäre, hätte einer von euch den Gewinn bekommen. Ich hätte ihn niemandem von euch gönnen können – schließlich hatte ich die Losbriefchen ausgewählt und auch bezahlt.«

So viel Aufrichtigkeit, von niemandem eingefordert, erschütterte uns alle: Eigentlich erschreckend, wie wenig es manchmal braucht, dass Freundschaft und Wohlwollen gestört werden. Aber was heißt hier wenig? Wie hätte man denn

223

selbst reagiert, wäre einem tatsächlich der Geldsegen zugeflossen? Hätte man das Geld mit allen am Tisch teilen wollen oder die Summe mit der Frau geteilt, der man das Los zu verdanken hatte?

Die meisten Menschen, die Lotto-Millionäre geworden sind, haben das Geld in wenigen Jahren vertan und verloren – sagt man. Aber da sind auch alle die anderen,vom Glück Begünstigten, jene, die unauffällig weiterleben, ihr Geld klug anlegen und sich in verhaltener Weise das Leben angenehm machen. Was hätte sich für uns verändert, wären wir unvermutet reich geworden?

Der Begriff »Betroffenheit« ist zum Modewort verkommen. Wer sich betroffen gibt, spendet sich gleich selbst Absolution: Er hat sich emotional berühren lassen, und das war's auch schon, er muss sich in keiner Weise weiterhin engagieren oder kümmern. Aber wir am Silvester-Tisch, wir sind tatsächlich betroffen. Getroffen von der Einsicht, dass das Gerüst unserer moralischen Prinzipien durchaus nicht erdbebensicher ist. Die Gier – wäre sie denn tatsächlich herausgefordert worden – wäre wohl stärker gewesen als der berühmte Kategorische Imperativ des Philosophen Kant. Wir hätten, wäre uns der Gewinn zugefallen, mit aller Wahrscheinlichkeit kleinteilig, eigensüchtig reagiert. Durchaus nicht mit der vom Kategorischen Imperativ geforderten Regel, : »Handle nur nach derjenigen Maxime, durch die du zugleich wollen kannst, dass sie ein allgemeines Gesetz werde.«

Die Uhr schlägt Mitternacht, die Glocken beginnen zu läuten. Wir wünschen uns Glück. Was immer das nun heißen mag.

Seelen-Bummel

Ihre Heimatstadt ist Budapest und deshalb spricht sie Deutsch mit jenem ungarischen Akzent, mit dem einst Liselotte Pulver im uralten Film »Ich denke oft an Piroschka« entzückte. Meine Piroschka ist Therapeutin und führt mit professionellem Geschick an mir und anderen Klientinnen das aus, was als Lymphdrainage bezeichnet wird und Stauungen im Körper löst. Die Piroschka-Therapeutin ist bestrebt, mir einen ganzheitlichen Heilungsansatz nahe zu bringen und gibt mir deshalb zu bedenken, dass es sehr wichtig sei, ab und zu mal »die Sääle bummeln zu lassen.«

Was für eine liebenswürdige Variante des sattsam bekannten Satzes von der Seele, die man baumeln lassen soll. Diese Redewendung nährt sich schamlos von einem Text des unvergessenen Journalisten und Schriftstellers Kurt Tucholsky. In seiner bezaubernden Sommergeschichte »Schloss Gripsholm« liest man: »Wir lagen auf der Wiese und baumelten mit der Seele.« Tucholsky liegt mit seiner Freundin auf einer Ferien-Wiese, sie gucken gemeinsam in den Himmel, Erotik streift wie ein leiser Hauch hin und wider, das Paar genießt bewusst und ganz intensiv das vergängliche Glück des schwerelosen Augenblicks. Ihre Seelen baumeln nicht wie schlappe Tuchstücke an einer Wäscheleine, sondern schwingen in einem geheimnisvollen Rhythmus.

Dieses Sommerglück-Baumeln der Seele ist, Tucholsky sei's geklagt, zur Werbebotschaft verkommen. Wir sollen im Wellness-Hotel oder im Heilfasten-Kurhaus die Seele baumeln lassen, auch auf Busreisen oder Kreuzfahrten soll sie baumeln, unsere Seele: Sobald die Ferien- und Reisesaison beginnt, wird der Slogan »Lassen Sie Ihre Seele baumeln« aufgeschaltet. Der kleine sprachliche Irrtum, mit dem die ungarische Therapeutin »baumeln« in »bummeln« verwandelt hat, schützt das Tucholsky-Zitat vor seinem Missbrauch. »Bummeln« statt

»baumeln«: Da bieten sich ganz andere Möglichkeiten der Seelen-Bewegung an. Andere, alltägliche Möglichkeiten.

Mit immer wieder berührenden Beispielen überrascht und beschenkt mich eine ehemalige Klassenkameradin, nennen wir sie Selma. Ihr Sehvermögen ist stark eingeschränkt, sie lebt in ihrer kleinen Wohnung sehr zurückgezogen – zwangsläufig, aber dennoch nicht in Isolation oder Verbitterung. Sie hat sich intelligent so auf das Notwendige und Machbare beschränkt, dass sie weitgehend unabhängig leben kann. Als sich einmal der Sommer entschloss, während kurzer Zeit wirklich Sommer zu sein und alle Register seines Hitze-Repertoires zu ziehen, fragte ich Selma, wie sie denn mit diesem subtropischen Klima zurechtkomme. Gut, sie habe keine Probleme:

»Weißt du, wenn ich nicht mehr schlafen kann, stehe ich noch vor dem Morgengrauen auf. Ich mach mir einen Kaffee, die Kaffeemaschine kann ich gut bedienen. Ich suche vorsichtig den Weg bis zu meinem winzigen Balkon. Da setze ich mich dann hin und genieße es, den Geräuschen zu lauschen, mit denen die Stadt erwacht und ihren Tag beginnt.«

Neulich hat mich Selma ganz besonders in Staunen versetzt. Sie, die sich weder Sentimentalitäten noch Wehleidigkeit gestattet und sich immer in der Welt der Zahlen und der präzisen mathematischen Formeln am wohlsten fühlte, hat nun einen Baum zum Freund erwählt. Den Menschen, die so alt sind wie Selma und ich, bleiben Gedanken an den Tod auch dann nicht erspart, wenn ihre Zeitungslektüre nicht jedes Mal bei der Seite mit den Todesanzeigen beginnt. Selma mag klare Vorgaben und klare Regelungen. Sie erklärt mir eines Tages:

»Ich habe erfahren, dass man sich auf dem städtischen Friedhof auf einer kleinen Anhöhe unter einer weit ausladenden, alten Buche einen Platz reservieren lassen kann, auf dem dann die Urnen-Asche zu liegen kommt wird. Ich habe nun meinen Platz, er ist bezahlt, alles ist geregelt.«

Der Weg bis zum Friedhofareal ist weit, aber Selma hat sich durchgefragt, mit ihrem weißen Stock vorangetastet, sie hat sich kundig gemacht, wann der Friedhof-Bus bis nahe zum Baum fährt, sie hat Schritte gezählt, um sich zurechtzufinden.

»Wenn das Wetter es erlaubt, fahre ich jede Woche an einem Nachmittag zu meinem Baum. Ich setze mich auf die Bank, die davor steht. Ich kann den Stamm der Buche berühren, ich höre dem Wind in der Baumkrone zu, hänge meinen Erinnerungen nach...«

Die Seele bummeln lassen, ihr Auslauf gönnen, sie Atem schöpfen lassen. Selma weiss, wie das geht. Der große Tucholsky – dessen Grab sich unter einer uralten Eiche befindet – und die alte Frau hätten sich wohl gut verstanden.

Vom heute gewesenen Tage

Manche TV-Sendungen haben beinahe rituellen Charakter – weil sie immer am gleichen Wochentag und zur gleichen Zeit gesendet werden, und weil immer derselbe Moderator, in der immer gleichen Szenerie, am immer gleichen Ort Platz nimmt. Der Ritualisierungsmodus wird noch verstärkt, wenn am Ende der Talkshow immer dieselbe Frage gestellt wird. Stumpfsinn? Nein, dies alles vermittelt das Trugbild einer Kontinuität, nach der sich viele sehnen, die jedoch im Alltag selten vorkommt oder aber zur krankmachenden Routine pervertiert.

Am Ende einer Sonntagmorgen-Talkshow im bayrischen Fernsehen wird den Teilnehmern am Stammtisch jeweils die Frage gestellt: »Was hat Sie in der vergangenen Woche gefreut und was hat Sie geärgert?«

Die Talk-Gäste haben die Antwort selbstverständlich vorbereitet und berichten von besonders beeindruckenden Theateraufführungen, von einem Fußballmatch oder aber vom Ärger über ein kreuzdummes Politikervotum oder über irgendetwas, was mit dem Übermut oder der Unfähigkeit der Ämter zu tun hat. Was die Talk-Gäste an Erfreulichem oder Ärgerlichem zu melden haben, hat nicht immer einen besonders hohen Erkenntnisgewinn. Aber es interessiert die Zuseher, und die wären gewiss verstimmt, würde diese Fragestellung einmal aus Zeitgründen wegfallen.

Und wenn man sich's richtig überlegt: Weshalb eigentlich stellt man sich nicht selbst am Ende einer Woche die Frage, was denn nun gut oder weniger gut gelaufen sei? Vielmehr: Weshalb beendet man nicht jeden Tag mit einer kurzen Selbstbefragung? Was war gut und was ist gelungen? Hat man vielleicht zur genau richtigen Zeit das richtige Wort gefunden? Hat man ein Lächeln geschenkt bekommen? Und was hat einem geärgert oder verletzt – wie oft ist einem die legendäre Laus über die Leber gekrochen, wie oft ist man missvertanden worden? Und wie gross war der Ärger-Anteil über eigenes Versagen, über Unbeholfenheit, über ein falsches Wort zum falschen Zeitpunkt?

Vor Jahrzehnten noch haben vor allem junge Frauen Tagebuch geschrieben, das Buch war ihr verschwiegener Vertrauter. Auch bedeutende Schriftsteller, Denker und Dichter haben im Tagebuch festgehalten, was der Tag ihnen gebracht oder verweigert hatte. Ein Tagebucheintrag von Thomas Mann lautet: »Zu viel zum Tee gegessen; zu überladener Magen. Briefe geschrieben bis halb 8, dann noch etwas hinausgegangen zu Tiefenatmungen. > Kein erschütternd neuer Gedanke, kein Anflug von Charme oder Poesie – Alltag eben, und erst noch staubtrocken wie Knäckebrot.

Und doch ist dies Notiz irgendwo ermutigend: Na denn, auch Thomas Mann war nicht immer ein Muster an Disziplin, selbst er war nicht nur Hirn-, sondern auch Magenmensch – was einen ermächtigt, das eigene Selbst in seiner ebenso wundervollen wie erbärmlichen Alltäglichkeit mit nachsichtigem Blick zu betrachten.

Man muss sich nicht unbedingt hinsetzen, schreiben oder Buchstaben tippen, sondern kann sich auch einfach vor dem Einschlafen das Drehbuch des Tages vergegenwärtigen. Was war gut? Was hat Freude gemacht? Was ist schief gelaufen? War man ein einigermaßen angenehmer Mensch oder sind einem die Nerven entgleist – und weshalb?

Folgt man vor dem Einschlafen nochmals »der flüchtgen Stunden gleich geschwungenem Joch« – Eduard Mörike hat diese wunderschöne Wortwendung gefunden – dann wird vielleicht ein Verhaltensmuster sichtbar. Mag sein, dass man sich zu überlegen beginnt, wie gross der Anteil des Zuviel im eigenen Leben ist und was einem fehlt, wovon man zu wenig hat. Oder man erkennt ganz einfach, dass der Tag alles in allem einen doch recht guten Verlauf genommen hat und man wird von einem Hauch Dankbarkeit gestreift. Das allein schon lohnt den Rückblick auf den Tag, den heute gewesenen Tag, den unwiederbringlichen.

8.8

Was ich würde wünschen wollen?

Je älter ein Mensch wird, desto mehr Schwierigkeiten machen Geburtstagswünsche. Mit dem Wunsch für gute Gesundheit liegt man zwar nie falsch. Weiss man, dass der zu Beglückwünschende schon einige gesundheitliche Beschwerden hat, empfiehlt sich die Formulierung »möglichst stabile Gesundheit.« Glück, Erfolg, spannende Erlebnisse: Mit derartigen Kriterien lässt sich nicht mehr so leicht jonglieren. Es sei denn, der alte Mensch habe für die unmittelbare Zukunft konkrete Pläne, die sich zumindest nach menschlichem Ermessen realisieren lassen.

Nicht wenige alte Menschen mögen es ganz und gar nicht, wenn man sie allzu offensiv an ihr Alter erinnert. Für kurzfristige Erheiterung sorgen Sprüche wie etwa:

»Happy Birthday! Wenn jemand auf die Idee kommt, dich alt zu nennen: Schlag ihn mit deinem Stock und wirf ihm dein Gebiss hinterher.«

Man braucht vielleicht noch keinen Stock und vor dem Schlafengehen muss man nicht das Gebiss ins Wasserbad legen, weil man sich für teures Geld Zähne hat implantieren lassen. Aber die Idee hinter dem Spruch ist nicht schlecht. Man sollte sich nicht älter machen lassen als man ist.

Allerdings sollte man davon absehen, sich tatsächlich mit dem Stock zur Wehr zu setzen oder jemandem mit dem Rollator ans Schienbein zu schrammen. Ratsamer wäre es, sich ein Depot an heiterer Gelassenheit anzulegen. Meine Güte, als man 17 Jahre jung war, nannte man den 40-jährigen Lehrer respektlos »den Alten.« Wie dürfte man denn heute erwarten, dass junge Leute erkennen, dass man selbst dann noch innerlich jung und dem Leben zugewandt sein kann, wenn die Jahre Furchen ins Gesicht gezogen haben und einzelne Körperzonen den Gesetzen der Schwerkraft folgen? Man darf nicht erwarten, dass ihr Erkenntnisstand sich heute schon demjenigen des nicaraguanischen Schriftstellers und Befreiungstheologen Ernesto Cardenal nähert, der bereits als junger Mann erkannt und festgestellt hat, dass auch in einer 80-jährigen Frau durchaus die Seele eines ganz jungen Mädchens verborgen sein könne. Woher sollten sie das wissen, die Jungen? Sie werden es erst ahnen, wenn sie selbst alt geworden sind.

Wünschenswert wäre gelassene Altersheiterkeit, aber die wird einem selten geschenkt, sie hat mit Lebenshaltung und Training zu tun. Ein sehr ansprechendes Beispiel hierfür schien mir ein Mann, eine Magistratsperson und längst im Ruhestand lebend. Als er im rappelvollen Tramwagen stand und die jungen Passagiere angestrengt ihre Smartphones bearbeiteten und keiner Anstalten machte, für den alten Mann den Hintern zu heben, sagte der Senior zu dem unmittelbar vor ihm sitzenden Junior:

»Entschuldigen Sie, darf ich Ihnen meinen Stehplatz anbieten?«

Der junge Mensch sprang sofort auf, völlig konsterniert und mit roten Ohren. Schön ist auch das Beispiel einer alten Dame, die – »achte ver die Beschwerden«, wie Joachim Ringelnatz sagt – trotz ihrer 90 Jahre regelmäßig Konzerte und Vorträge besucht und ihren Platz im Theater einnimmt. Sie ist präsent, lebhaft, aufnahmefähig. Nur manchmal, da hat sie Mühe, jemanden korrekt zu benamsen und im Eifer verwechselt sie zuweilen die Namen ihrer Enkelkinder, an deren Leben und Entwicklung sie mit liebevoller Klugheit Anteil nimmt. Wenn sie, die Reisefreudige, mit ihrem ältesten Enkel unterwegs ist, gilt ein Deal: Wann immer die alte Dame einen Namen verwechselt und der Enkel sie berichtigen muss, wird dem jungen Mann ein kleiner Geldbetrag gutgeschrieben und am Abend ausgehändigt. Der zeitweilige, vergleichsweise geringe Gedächtnisausfall ist kein Drama mehr, sondern eher eine launige Lotterie, ein Spiel, ein Grund zum Lachen. Dieser Frau und jenem Herrn im Tram kann man nur wünschen, dass ihnen ihre Herzensheiterkeit und ihre Lebensklugheit erhalten bleiben.

Aber was wünscht sich denn der alte Mensch selbst – abgesehen vom Fundament, der Gesundheit von Leib und Seele? Mehr Planungssicherheit, mehr Zuwendung, weniger Gleichgültigkeit im familiären Umfeld, mehr Respekt, weniger Geplauder und mehr ernsthafte Gespräche, weniger Zukunftsängste, weniger Angst vor dem Lebensende, mehr Zärtlichkeit? Der Katalog der Wünsche und Bedürfnisse ist ebenso vielfältig wie individuell und geheim.

Ein Gedicht von Carl Spitteler beginnt mit folgendem Vers:

»Damals, ganz zuerst am Anfang,
wenn ich hätte sagen sollen, was
im Fall ich wünschen dürfte
ich mir würde wünschen wollen…«

Im Gedicht »Das bescheidene Wünschlein« wird dargestellt, wie die Wünsche sich wandelten, wie statt Bilderbüchern oder Zinnsoldaten der Wunsch nach Bravour, Bedeutung und Karriere aufkam. »Heute, wenn die müde Hoffnung wieder sich zum Wunsch bequemte«, hätte der Dichter nur noch »ein bescheiden Wünschlein«. Noch einmal möchte er den Klang der Glocke hören, die ihn einst in fernen Kindertagen in den Schlaf begleitete.

Ein rührend sentimentaler, kleiner und vergleichsweise bedeutungsloser Wunsch – und doch einer jener von Wehmut und Sehnsucht erfüllten Wünsche, die man vielleicht einmal in einer seltenen Stunde einer Freundin oder einem Freund anvertraut. Wünsche, die in der Tiefe der Seele schwimmen und nie mit dem Schleppnetz der gut gemeinten Geburtstagswünsche eingefangen werden können

Wieviel ist unnötig?

Ein Landhaus von edlem Zuschnitt. Auf der rechten Seite der repräsentativen Haustüre ein Glockenzug nach altem Vorbild. Dessen Messinggriff ist so perfekt poliert, dass ich mich scheue, darauf meine Fingerabdrücke zu hinterlassen. Ich bin angemeldet, der alte Herr, der mich nun begrüßt und mir Einlass gewährt, wird mir ein paar Hinweise zur Geschichte seiner Familie geben. Seine Großeltern lebten in meiner Wohngemeinde in einer Villa, die kunsthistorisch bedeutsam und das Werk eines berühmten Architekten ist. In dieser Villa, die von einem großen Park umgeben ist, soll eine öffentliche Führung durchgeführt werden. Zur Entstehungs- und Baugeschichte des Hauses findet man ausreichend Literatur, aber nur wenig weiss man von der vornehmen Basler Familie, die da während der Sommermonate gelebt hat.

Mein Gastgeber ist bereit, mir zu schildern, wie das Leben im »Sommerhaus« im vorigen Jahrhundert gestaltet worden ist. Er erzählt, wie jeweils im Frühling eine Menge Hausrat und Küchengerätschaften vom großen Herrschaftshaus in der Stadt auf Wagen geladen und zum Sommerhaus transportiert wurden. Wie immer auch eine schwere Schreibkommode verladen wurde, weil die Dame des Hauses dieses Möbelstück während der Wochen auf dem Landsitz durchaus nicht entbehren wollte. Die Dienerschaft machte den Umzug ebenfalls mit, der Bauer vom nahe gelegenen Hof konnte mit einer täglichen Milchlieferung rechnen und der Bäcker wusste, dass bei großen Einladungen eine Eisbombe geordert werden würde.

Der Mann mir gegenüber am Tisch – er könnte als englischer Lord und Angehöriger eines alten Adelsgeschlechts durchgehen – weiss amüsant von den Eigenheiten einzelner Familienmitglieder und von Großmamas Tee-Nachmittagen im Park zu erzählen und bemüht sich dann zu seinem Schreibtisch, um einige alte Zeitungsartikel für mich zu holen. Er händigt mir die leicht vergilbten Zeitungsseiten aus und nimmt mir das Versprechen ab, ihm diese wieder zurückzugeben. Nicht sofort, aber doch bald: »Aber nicht, dass Sie dann das Couvert mit einer 1-Franken-Marke bekleben. Eine Briefmarke für 85 Centimes reicht vollauf.«

Ich möchte ja nicht unhöflich sein und widersprechen, erlaube mir aber dennoch die Frage, weshalb es falsch sein solle, den Brief mit einer Briefmarke zu frankieren, die eine einigermaßen rasche Spedition verspreche. Jetzt reagiert der Herr mit dem alten Basler Familiennamen aber erzürnt:

»Ich stelle fest, dass Sie den Unterschied zwischen Notwendigkeit und Unnötigkeiten nicht erkennen können. Denken Sie doch einmal darüber nach, wie oft schon Sie mit der 1-Franken-Briefmarke Geld in den gierigen Rachen der Post geworfen haben, obwohl eine 85-Centimes-Marke durchaus ausreichend gewesen wäre. Sie haben also 15 Centimes vertan, wo Sie doch 15 Centimes hätten sparen können. Die Briefzustellung hätte etwas länger gedauert, aber Ihre Nachricht wäre wohl dennoch früh genug an Ort und Stelle angekommen.«

Der Mann schaut mich erwartungsvoll an, wartet auf Zustimmung und brummt ungehalten, weil ich ganz offensichtlich zu jenen bedauernswerten Individuen gehöre, die doch tatsächlich nicht begreifen, dass sie in ihrem Leben immer wieder »Unneetigkaite«, also Unnötigkeiten, zulassen und so Geld verplempern.

Der Mann ist ein Unikat, ein in der Wolle gefärbter Altbasler, der die sprichwörtliche Basler Sparsamkeit verinnerlicht hat und sie lebt. Es will mir dennoch nicht gelingen, die Begegnung mit ihm als unverhoffte kabarettistische Einlage oder als Altbasler-Marotte in Erinnerung zu behalten. Seit jenem Besuch ist es mir unmöglich, mit leichtem Griff eine Briefmarke im Wert von 1 Franken auf ein Kuvert zu kleben. Zumindest überlege ich mir jeweils, ob ich nicht doch hätte 15 Rappen sparen sollen, können, müssen. Und was hat es mit all den anderen Unnötigkeiten auf sich, die manchmal das Notwendige in meinem Leben überwuchern? Schon klar, manchmal muss man etwas völlig Unnötiges sagen, tun, machen oder erwerben – weil es um einen Zugewinn an Freude, Heiterkeit oder Zufriedenheit geht. Aber viele Unnötigkeiten haben ja eher mit Nachlässigkeit, Bequemlichkeit oder dem Mangel an Selbstdisziplin zu tun.

Wie heisst es doch gleich im bekannten und häufig zitierten Gelassenheits-Gebet? Darin wird Gott um die Gelassenheit gebeten, die »Dinge hinzunehmen, die ich nicht ändern kann.« Um »den Mut, Dinge zu ändern, die ich ändern kann. Und die Weisheit, das eine vom anderen zu unterscheiden.«

Vielleicht lerne ich ja noch, zwischen Notwendigkeiten und Unnötigkeiten die jeweils richtige Entscheidung zu treffen. Mag sein, dass in nicht allzu ferner Zukunft Computerfachleute eine App entwickeln, die mit künstlicher Intelligenz punktgenau die Richtung vorgibt, uns die Mühsal von Entscheidungen abnimmt und uns nachträgliche »Hätte ich doch«-Skrupel erspart.

Bis dahin klebe ich eben Briefmarken im Wert von 1 Franken auf Kuverts. Die Post will ja auch leben. Und ich kann mir einbilden, der eine oder andere Briefempfänger nehme wahr, dass er mir eine Frankenbriefmarke wert ist.

8.10

Schnecken rennen nicht

∾

Die Lage des Wohnblocks unmittelbar neben einer Bahnlinie kann wirklich nicht als naturnah bezeichnet werden. Die Frau dagegen, die hier wohnt – nennen wir sie Christine – ist der Natur nah verbunden. Mit der Natur war sie schon damals befreundet, als sie noch in einem schwierigen sozialen Umfeld arbeitete. Ornithologie und Feldbiologie hieß ihr Rückzugsort, die Beobachtung von Vögeln und das Erkennen von Vogelarten, Vogelstimmen und Verhaltensarten boten Christine den notwendigen Ausgleich zum Berufsalltag. Dieses sorgsam austarierte Gleichgewicht ließ sich aber dauerhaft nicht halten, mit einem jähen Ruck kippte die Balance. Die Krankheit, von der Christine befallen wurde, setzt sich aus Schichten zusammen, die allesamt mit entzündlichen Prozessen zu tun haben und schubartig Schmerzen auslösen. Eine Abfolge von Tagen ist nicht im Voraus planbar, denn unter Umständen vergehen Stunden, bis Christine am Morgen aus dem Bett aufstehen und sich bewegen kann. Ab und zu wird ihr ein Tag geschenkt, an dem Medikamente die Schmerzen erträglich machen und sogar einen kurzen Aufenthalt im nahe gelegenen kleinen Pflanzgarten erlauben.

Die Vögel: Sie fliegen und flattern, nisten und zwitschern, aber Christines entzündete, schmerzende Hand- und Fingergelenke können den Feldstecher nicht mehr halten, ein sorgsames Beobachten der Flügelwanderer der Luft ist zu anstrengend geworden. Aber wer wie Christine mit der Natur gut Freund ist, hat Sinn für deren unendlich vielfältige Erscheinungsformen. Und welch ein Glücksfall, wenn zur richtigen Zeit noch ein Buch auftaucht, das einen wichtigen Impuls aussendet und einen gangbaren Weg vorschlägt. Im Buch »Das Geräusch der Schnecke beim Essen« begegnete Christine einer Schicksalsgenossin. Die Journalistin Elisabeth Tova Bailey war schwer erkrankt und wurde während vieler Monate zur Bewegungslosigkeit verurteilt, eine Veränderung zum Besseren war höchst ungewiss. Eine Freundin hatte der Patientin eine kleine Pflanze ans Krankenbett gebracht, in der sich eine Schnecke niedergelassen hatte. Bailey begann das Tier zu beobachten, sie ließ sich Fachbücher zum Thema Schneckenkunde bringen und verband ihr eingeschränktes Leben mit der Existenz der Weichtiere und dem kleinen Lebewesen im Blumentopf neben dem Bett. Krankenzimmer und Blumentopf, zwei Raumeinheiten, aus denen kein Entrinnen möglich war – weder für die Frau noch für die Schnecke.

Christine lebt heute in Wohngemeinschaft mit einer afrikanischen Riesenschnecke, die den schönen Namen »Immaculata« trägt und in einem großzügigen Terrarium haust. Schnecken sind inzwischen Christines Forschungs- und Erlebnisgebiet geworden – »ist doch gut so«, meint sie lächelnd, »Schnecken rennen nicht ,und auch ich habe mich mit der Langsamkeit versöhnen und anfreunden müssen. > Sie gerät in schönen Eifer, wenn sie den Inhalt irgendwelcher Plastikbehälter vorführt, in denen sie ihre Sammlung von kleinformatigen Schneckenhäusern aufbewahrt: Schneckenhäuschen, die winzigen, spiralig gedrehten Zipfelkäppchen gleichen. Häuschen mit Perlmuttschimmer oder solche mit spiralförmiger Kreiszeichnung. Christine kennt Herkunft, Lebensart, Eigenschaften der jeweiligen Schnecke. Im Gespräch mit dieser Schneckenforscherin aus Liebe stellt man rasch fest, wie unglaublich beschränkt das eigene Wissen ist. Christine kennt die Technik, mit der sich eine Schnecke an einem Pflanzenstängel hochwinden kann oder weiss, wie es mit dem Sehvermögen des Tieres steht. Dass Schnecken Zwitterwesen sind und ein ungemein spannendes Paarungsverhalten kennen. Die Schneckenfrau, die mit der Lupe und mit wachem Geist beobachtet, die Fachbücher liest und mit Experten in Kontakt steht, bewegt sich in der Weite einer Welt, die für die meisten Menschen terra incognita bleibt, unerforschtes Land. So unerforscht oder so wenig erforscht wie die Kontinente der eigenen Seele.

Der produktive – nicht destruktive – Umgang mit Krisen: Das ist eine schwierige Lebensaufgabe. Jeder muss da seine eigene Gangart und seinen eigenen Weg finden. Für Christine war es der Schnecken-Weg. Langsam, aber sicher. Unspektakulär, aber voller Geheimnisse und Möglichkeiten.

Weshalb schleicht die Schnecke so langsam? Weil sie sich die Welt in aller Ruhe anschauen möchte.

Vom kleinen Bösen

Die Bezeichnung »Nazi-Jäger« war zu platt und plakativ. Er, der das Grauen von Konzentrationslagern überstanden hatte, wurde verehrt und bewundert, weil er einstigen Nazi-Schergen nachstellte und es nicht dulden wollte, dass viele von ihnen nach dem Krieg nie zur Rechenschaft gezogen wurden, sondern unbehelligt wieder wichtige Posten besetzen konnten. Simon Wiesenthal, auch er ganz gewiss ein Mensch in seinem Widerspruch, wurde nicht selten mit Kritik beworfen. Man warf ihm Profilierungssucht und zuweilen einen Mangel an Faktentreue vor. Mit Gewissheit lässt sich sagen: Er war ein Widerhaken in der Isolierschicht, mit der nach Kriegsende Unrecht und Verbrechen abgedichtet werden sollten, um möglichst rasch Normalität herbeizuführen, und sei diese noch so durchsetzt von gefährlichen Bruchstellen.

Als ich vor vielen Jahren vom Wachposten vor Simon Wiesenthals bescheidener Wiener Wohnung vorgelassen wurde und mir eine Sekretärin eingeschärft hatte, dass nur zehn Minuten Interviewzeit bewilligt worden seien, sass ich Simon Wiesenthal in seinem mit Büchern verbarrikadierten kleinen Zimmer gegenüber. Die liebenswürdige Freundlichkeit des alten Herrn verwandelte sich in Eifer, als Wiesenthal zu erzählen begann und zehn Minuten längst verstrichen waren. Er spürte wohl, dass es nicht einfach um einen professionellen Ablauf von Fragen und Antworten ging, sondern dass ich erschüttert war. Als ich, die schon damals nicht mehr junge Frau, weinen musste und den alten Mann fragte, was um alles in der Welt denn zu tun sei, dass sich derart menschenverachtendes und verbrecherisches Unheil nicht mehr wiederhole , antwortete Wiesenthal mit einem feinen Lächeln:

«Aber meine liebe gnädige Frau, das kann man nicht verhindern. Aber Sie können das kleine Böse bekämpfen, jeden Tag.«

243

Oft ist vom ökologischen Fußabdruck die Rede. Eher selten wird von mentalen Fußspuren gesprochen. Vom Abdruck, den ein paar wenige Worte im Gedächtnis zurücklassen können. Damit sind nicht etwa historische Worte gemeint, denen es gelungen ist, Mittelmäßigkeit in Größe oder gewöhnliche Menschen in Helden zu verwandeln.

Es geht vielmehr um den einen oder anderen, aus Worten zusammengesetzten Fußabdruck, der im Alltag eine Wendung herbeiführt. Ein handfestes, vielmehr beinfestes Beispiel bietet die Geschichte eine Frau, die vor Jahren plante, eine unumgänglich gewordene Knieoperation an beiden Beinen gleichzeitig durchführen zu lassen – aus beruflichen, termingünstigen Gründen. Ihr Orthopäde informierte sie über mögliche Risiken, Neben- und Nachwirkungen und legte ihr das Für und das Wider mit allem gebotenen Ernst dar. Schließlich sagte er der Patientin: »Doch, Ihnen kann ich das zumuten.«

Die Doppel-Operation verlief gut. »Und als ich mich zum ersten Mal auf die operierten Prothesen-Beine stellen sollte«, so berichtet sie später, »und das Gefühl hatte, keinen Fuß vor den andern bringen zu können, hörte ich den Arzt sagen ‹Ihnen kann ich das zumuten.› Die Anstrengung und der Schmerz waren gewaltig, aber ich konnte mich bewegen. Auch während der Physiotherapie hörte ich diesen einen Satz immer wieder – und biss mich auch dann durch, wenn ich vor Anstrengung am liebsten geschrien hätte.«

Das kleine Böse, von dem Simon Wiesenthal sprach – auch da ging es um einen Fußabdruck, der immer wieder zum Innehalten und Nachdenken mahnt. Das kleine Böse: Es hält sich still, um dann plötzlich da zu sein wie eine hässliche Pustel. Es zeigt sich als Lieblosigkeit, als Mangel an Mut und Entschlossenheit, als sogenannte Notlüge oder als Hang zu Machtstreben – das kleine Böse kann in verschiedensten Rollen auftreten und ist unglaublich verwandlungsfähig.

Das kleine Böse um einen herum, in der Alltäglichkeit oder in den eigenen Untiefen wahrnehmen und bekämpfen: Wie mühsam und anstrengend das doch ist. Wahrscheinlich hilft hier einzig das Prinzip der kleinen Schritte, wie es der mit Humor und Menschenliebe gesegnete Papst Johannes XXIII. in einem 10-Punkte-Katalog dargestellt hat, in dem das kleine Gute angesprochen wird. In diesem Katalog ist keine Rede von einer großen Emphase, die aufsteigt wie eine schillernde Seifenblase, glitzert, flimmert, vergeht. Der Wille zum kleinen Guten muss sich – so Johannes XXIII. – im begrenzten Rahmen eines einzelnen Tages erproben. Der kleine, beherzte Schritt führt zumindest ein paar Zentimeter nach vorn. Keine großartige Masseinheit, sondern nur gerade ein »Fuessmässli«, wie es in einem alten Kinderspiel heißt, bei dem es ums Vorrücken oder Stehenbleiben geht.

Der Pontifex mit dem gütigen Lächeln eines lebenserfahrenen Dorfpriesters wusste um die Schwierigkeiten, die das kleine Böse und ebenso das kleine Gute bereiten können. Also zieht er des Menschen beschränkte Möglichkeiten und seinen Hang zum Scheitern in Betracht.

»Nur für heute werde ich eine gute Tat vollbringen. Und ich werde es niemandem erzählen.«

»Nur für heute werde ich ein genaues Programm aufstellen. Vielleicht halte ich mich nicht daran, aber ich werde es aufsetzen. Und ich werde mich vor zwei Übeln hüten: Vor der Hetze und vor der Unentschlossenheit.«

»Nur für heute werde ich etwas tun, wozu ich keine Lust habe, es zu tun. Sollte ich mich in meinen Gedanken beleidigt fühlen, werde ich dafür sorgen, dass niemand es merkt.«

Und ganz besonders beherzigenswert dieser Johannes XXIII.-Impuls:

»Nur für heute werde ich mich bemühen, den Tag zu erleben, ohne das Problem meines Lebens auf einmal lösen zu wollen.«

Du kleines Böses, du kleines Gutes: Dann wollen wir mal. Nur für heute, fürs erste.

Das Ding mit Namen Glück

Häufig haben jüdische Witze den Charakter einer Episode und enthalten eine subtile Essenz, die nicht schallendes Gelächter auslöst, sondern eher zu stiller Nachdenklichkeit anregt. Wie der Witz von Moshe Grün. Moshe Grün, der in die USA ausgewandert ist, weilt zu Besuch in seiner ehemaligen Heimatstadt. Auf der Straße begegnet er einem alten Bekannten, der ihn fragt:

»Na, Moshe, bist du happy in New York?«

Antwortet Moshe Grün:

»Happy schon. Aber nicht glücklich.«

Schade, dass dieser Moshe nur gerade der Protagonist einer kurzen Witz-Episode ist. Als Figur eines Romans könnte er deutlich machen, weshalb er zwar happy, aber nicht glücklich ist. Stellen wir uns vor, Herr Grün besitzt ein gut gehendes Ladengeschäft in erstklassiger Geschäftslage. Er hat eine liebenswürdige Frau, ist Vater eines Sohnes, der als begabter Musiker Erfolge feiert und einer Tochter, die mit einem guten Mann verheiratet ist und als Mutter zweier entzückender Kinder eine renommierte Anwaltskanzlei führt. Moshe hat also ein geradezu ideales, wunderbar geordnetes Lebensumfeld und allen Grund, happy zu sein. Weshalb ist er nicht glücklich? Was fehlt ihm und was müsste geschehen oder sich verändern, das Moshe Glücksgefühle spüren könnte? So ein Gefühl, das in warmen Wellen im Körper hochsteigt und ihn mit prickelndem Wohlgefühl überspülen würde?

Nehmen wir an, der deutsche Psychiater und Hirnforscher Manfred Spitzer käme in der Moshe-Geschichte als handelnde Figur ins Spiel, dann würde dieser in der Diskussion mit Moshe Grün vielleicht einen Satz aus einem seiner Bücher zitieren: »Wir sind nicht dafür gemacht, ständig glücklich zu sein.« Ein klarer, kantiger Satz, kein Glücksrezept mit Gelinggarantie.

Moshe Grün würde wohl nicht widersprechen. Aber vielleicht würde er zu erklären versuchen, was er ganz persönlich unter Glück versteht, und welche Lebensdefizite ihn daran hindern, glücklich zu sein. Würde er über die Enttäuschung sprechen, dass sein Leben so ganz anders, so viel schlichter und banaler verläuft, als er sich das in jungen Jahren einmal vorgestellt hatte? Als er sich in der Rolle eines wahrhaft bedeutenden Weltveränderers gesehen hatte – als Forscher, als Städtebauer, als Unternehmer? Oder würde Moshe vielleicht sagen, dass er es leid sei, immer nur anständig zu leben und gut zu funktionieren und dass er viel lieber das Glück kreativen Schaffens und Gestaltens erfahren möchte?

Auf die Moshe-Geschichte könnten aber auch dunkle Schatten fallen. So wäre es ja denkbar, dass Moshe Grün in eine depressive Phase gerät, weil ihn Fragen umtreiben, wie sie schon von unzähligen anderen Menschen lange vor ihm gestellt worden sind:

»Ich komme, ich weiss nicht von wo? Ich bin, ich weiss nicht, was? Ich fahre, ich weiss nicht, wohin?«

Moshe sucht Antworten auf uralte Menschheitsfragen. Und weil er trotz eifrigen Fragens und Suchens keine Antwort findet, ist er ziemlich happy, aber eben nicht wirklich glücklich.

Eine andere Version der Moshe Grün-Geschichte wäre folgendermaßen denkbar: In seinem Streben nach Macht und Größe als einem Konstrukt von Glück lässt sich Moshe auf zwielichtige und riskante Geschäfte ein. Doch er scheitert am Ende, verliert die Kontrolle über das eigene Tun und Lassen, macht sich schuldig, kommt vor Gericht und wird verurteilt.

Oder eine weniger spektakuläre, aber ebenfalls traurige Variante: Moshes Frau wird ganz plötzlich von einer lebensbedrohenden Krankheit betroffen, sie muss mehrere schwere Operationen über sich ergehen lassen, aber niemand kann ihr helfen, sie stirbt. Moshe denkt nun nicht mehr über den Unterschied zwischen »happy« und »glücklich« nach, sondern macht ganz unvermittelt eine bestürzende Erfahrung: All das, was er bisher als Gleichmaß, Alltäglichkeit und Selbstverständlichkeit bewertet hatte – das war es, das Glück. Er, Moshe, hatte es nur nicht rechtzeitig erkannt.

Die Geschichte könnte aber auch mit einem sanften Wellenschlag enden: Moshe entdeckt die Wohltat der Zufriedenheit. Nicht etwa jene Art von Zufriedenheit, die, von nah besehen, nichts anderes ist als eine Tarnkappe für Trägheit, Bequemlichkeit, Denkfaulheit und Selbstzufriedenheit. Sondern eine Zufriedenheit, die als ältere und besonnene Schwester dem Glück nah verwandt ist. Moshe Grün würde erfahren, dass Zufriedenheit – wie auch das Glück – kein Zustand ist, sondern in Auf und Ab-Rhythmen erlebt wird. Er würde die Erfahrung machen, dass Zufriedenheit ganz wesentlich von der Fähigkeit abhängig ist, zu erkennen und zu wissen, was man anderen und was man sich selbst schuldig ist. Er würde lernen, all das zu würdigen, was in ihm ein gutes Gefühl von Zufriedenheit wachruft.

Es erginge Moshe dann vielleicht ähnlich wie jener Frau in Thornton Wilders Theaterstück »Unsere kleine Stadt«. Sie ist gestorben, befindet sich in einer Jenseits-Welt und unterhält sich mit anderen Jenseits-Gefährten über das Leben, das sie hinter sich gelassen hat und sie vergleicht es mit der Existenz, in die sie nun hineinversetzt worden ist. Was vermisst sie? Diese Jenseits-Frau also erklärt ihren Gefährten, dass sie das gute Gefühl »so nach dem Bade sein« vermisse. Sie erinnert sich also nicht an große oder erschütternde Lebensereignisse, sondern an das angenehme Empfinden von Erfrischung und neu Geborenwerden, das einen nach einem Bad überkommen kann. Sie erinnert sich an eine der vielen, ebenso unbedeutenden wie kostbaren Alltäglichkeiten.

Könnte es sein, dass Moshe Grün plötzlich gewahr würde: Zufriedenes, von Hoffnung begleitetes Unterwegssein kann mehr Glücksgefühle wachrufen als die Befriedigung des erfolgreichen Ankommens? Und dass man deshalb versuchen sollte, das Leben zu verstehen, während man es lebt.

Literaturhinweise

❦

Essen und Trinken

- Schweizerisches Kochbuch, Zürich 1854
- Kochschule und Ratgeber für Familie & Haus, Wochenzeitschrift, Sammelband XV, Zürich 1905
- F. Nietlisbach, Kuchen und Torten, Olten 1930
- Neuzeitliche Kochkunst für Gesunde und Kranke, Zürich 1937
- Die 1000fache Fundgrube, Broschüre, Zürich 1938
- Hauswirtschaftsstelle des Gas- und Wasserwerks, Beliebte Kochrezepte aus Basler Häusern, Basel 1950
- Arnold Gfeller, Nelly Hartmann-Imhof, Kräuter für die Küche, Küsnacht ZH 1964
- Erna Duruz-Nietlisbach Mutters beste Rezepte, Fehraltorf 1970
- Erna Horn, Das altbayrische Küchenjahr, Frankfurt am Main, 1974
- M. Vidoudez, J. Grangier, So kocht man bei uns. Spezialitäten aus der französischen Schweiz, Zürich 1977
- Das Kochbuch der Anna Maria Stainer 1789, Wien 1978
- Ellen Breindl, Gesund kochen mit der Hl. Hildegard von Bingen, Aschaffenburg 1980
- Andreas Morel, Basler Kochschule, Basel 1983
- Rosa Heimann, Haslitaler Küche, Thun 1985
- Rainer Horbelt, Sonja Spindlert, Tante Linas Kriegs-Kochbuch, Berlin 1986
- Glazer Phyllis, Milch und Honig, Holzgerlingen, 1988
- Harald Sallfellner, Essen und Trinken in Böhmen und Mähren, Prag 1993

- Anselm Bilgri, Kochen für Leib & Seele. Das Kloster Andechs-Kochbuch, Augsburg 1995
- Ingeborg Münzing-Ruef, Kursbuch gesunde Ernährung, München 1995
- Propstei St. Gerold, Von himmlischen und irdischen Köstlichkeiten, A-St. Gerold, 1996
- Magdalena Beranova, Essen und Trinken in der Zeit Rudolfs II., Prag 1997
- Peter Rüfenacht, Baselbieter Chuchi, Liestal 2002
- Bäuerinnen-Vereinigung beider Basel, Baselbieter Bäuerinnen kochen, Basel 2003
- Petra Altmann, Backen in der Klostertradition, München 2009

Historische Hinweise

- Richard Weiss, Volkskunde der Schweiz, München 1945
- Werner Meyer, Hirsebrei und Hellebarde, Olten 1985

Gesundheit

- Schwester Bernhardines Hausmittelbuch, München 1982
- Dr. Aigremont, Volkserotik und Pflanzenwelt, Berlin 1987
- Willi Schaffner, Barbara Häfelfinger, Beat Ernst, Phytopharmaka-Kompendium, Hinterkappelen BE, 1992
- Das Kräuterbuch der Trainer Rosa. Rezepte der Volksmedizin, Bozen 2003
- Pater Kilian Saum, Heilkraft der Klosterernährung, München 2006
- Dr. Johannes Mayer, Prof. Dr. med. Bernhard Uehleke, Pfarrer Kilian Saum, Das Grosse Buch der Klosterheilkunde, München 2013

Raum und Raumpflege

- Zaugg Katharina, Reinkultur. Kehren, Baden und Schütteln. Basel 2006
- Zaugg Katharina, Putzrezepte. Mit DVD und Bautipp, Basel 2007

Philosophie, Psychologie

- Pieper Annemarie, Glückssache. Die Kunst gut zu leben, München 2003
- Frank Berzbach, FORM BEWUSST SEIN, 2016
- Keil Annelie, Wenn das Leben um Hilfe ruft, München 2017
- Eckart von Hirschhausen, Wunder wirken Wunder. Wie Medizin und Magie uns heilen, Hamburg 2017

Rezepte-Register

Dank

❧

Von Herzen danke ich den folgenden Personen für ihre Unterstützung, für ihre Geduld und ihren fachlichen Rat:

— **Therese Mathys,** Münchenstein BL. Mit grossem Einsatz und mit der ihr eigenen Zuverlässigkeit und ihrem Sinn für präzises Arbeiten hat sie in meinen Texten unzählige Tippfehler aufgespürt und dingfest gemacht.

— **Peter Oppliger,** Maggia TI. Der bekannte Heilpflanzenexperte, Tee-Philosoph und Autor hat die Gesundheitsrezepte geprüft und teilweise aktualisiert.

— **Sara Ruesch,** Reinach BL. Die begabte Jungköchin hat die alten Kochrezepte durchgesehen und wo nötig die Mengenangaben modifiziert.

— **Ida Schaffter,** Metzerlen SO. Die Bäuerin vom »Chirsgartehof«, die auch für das erstaunliche Angebot in ihrer »Kulinarischen Werkstatt« zuständig ist, hat großzügig viele wichtige Tipps gegeben.

— **Urs Streuli,** Sissach BL, Ing agr. ETH. Der Gartenfachmann, der während vieler Jahre im Landwirtschaftlichen Zentrum Ebenrain tätig war, schreibt seit seiner Pensionierung als Gartenberater für die Zeitschrift BIOTERRA. Die praktischen Anweisungen für den Balkon-Garten sind seinem Fachwissen zu verdanken.

- **Katharina Zaugg,** Basel, die Ethnologin und Putzfachfrau, war so freundlich, die Kapitel zum Thema Raumpflege gegenzulesen.

- Ein Dank geht auch an die **»Holzofenbäckerei Bio Andreas« am Andreasplatz in Basel.** In diesem duftenden Brot-Paradies durften Aufnahmen gemacht werden.

Ein herzliches »Danggschön« – Merci – Dankeschön verdienen ebenso die **Marktleute aus dem Elsass, dem Badischen und dem Leimental.** Sie erlaubten das Fotografieren vor ihren Ständen am Marktplatz beim Basler Rathaus.